Karl Mißbach
Ernährung und Fütterung der jagdbaren Wildarten

Doz. Dr. habil. Karl Mißbach

Ernährung und Fütterung der jagdbaren Wildarten

Deutscher Landwirtschaftsverlag Berlin GmbH

Bildnachweis
Titelbild: R. MAIER, Silvestris Fotoservice;
Foto Seite 2 und 3: H. LANGE, Leipzig;
Zeichnungen: H. WENDE, Berlin

Die Deutsche Bibliothek – CIP-Einheitsaufnahme
Missbach, Karl:
Ernährung und Fütterung der jagdbaren Wildarten/
Karl Missbach. – Berlin: Dt. Landwirtschaftsverl., 1993
(DLV - Jagdpraxis)
ISBN 3-331-00581-9

© 1993, DLV Deutscher Landwirtschaftsverlag Berlin GmbH
Grabbeallee 41, 13156 Berlin
Das Werk ist einschließlich aller seiner Teile
urheberrechtlich geschützt.
Jede Verwertung außerhalb der engen Grenzen des Urheberrechtsgesetzes ist ohne Zustimmung des Verlages
unzulässig und strafbar.
Dies gilt insbesondere für Vervielfältigungen auf
fotomechanischem Wege (Fotokopie, Mikrofilme),
Übersetzung, Mikrofilmung und die Einspeicherung
und Verarbeitung in elektronischen Systemen.
Printed in Germany
Satzherstellung: Satzstudio DLV
Deutscher Landwirtschaftsverlag Berlin GmbH
Herstellung: Neue Presse Druckservice GmbH, 94030 Passau

ISBN 3-331-00581-9
624/00581

Inhaltsverzeichnis

Vorwort 7

Einleitung 9

Chemische Zusammensetzung der Organismen
und Futtermittel 12
Eiweiße 12
Kohlenhydrate, Lignin und organische Säuren 14
Fette und fettähnliche Stoffe 17
Wasser 18
Mineralstoffe 19
Wirk- und Zusatzstoffe 28

Verdauungsvorgänge bei den Wildarten 33
Nahrungsaufnahme 33
Aufbau und Hauptfunktionen des Verdauungs-
kanals 34
Spezielle Verdauungsvorgänge bei den
Wiederkäuern 39

Natürliche Nahrung und Nahrungsbedarf
der Wildarten 49
Raubwild 49
Schwarzwild 53
Hase und Kaninchen 56
Rehwild 58
Damwild 61
Rotwild 64
Muffelwild 66
Gemeinsamkeiten in Nahrung und Nahrungsbedarf
der Wildwiederkäuer 69
Federwild 73

Einteilung der Futtermittel, ihre Gewinnung,
   Konservierung und Lagerung 76
Grobfuttermittel.. 76
Konzentrate und Saftfuttermittel....................... 99
Futterzusätze 107

Bewertung der Futtermittel............................... 111
Futterenergie 111
Eiweiß und sonstige Inhaltsstoffe........................ 118

Einsatz der Futtermittel und Futterrationen 120
Raubwild... 121
Schwarzwild... 122
Hase und Kaninchen 126
Rehwild 128
Rot-, Dam- und Muffelwild 133
Federwild.. 140

Futterplanung und -bilanzierung........................ 143

Fütterungstechnik und Fütterungsanlagen 147
Grünfuttermittel.. 149
Silagen... 150
Trockengrobfuttermittel 151
Konzentrate und Saftfuttermittel........................ 152
Salzlecken 157
Fütterungen für Niederwild 159
Futterplatzhygiene... 162

Anhang 166

Literaturverzeichnis.. 175

Vorwort

Wald- und Feldflächen sind die Produktionsstätten für Nahrungsmittel und zahlreiche Rohstoffe. Gesunde Wälder haben gleichzeitig eine hohe landeskulturelle und soziale Bedeutung als Regulatoren des Wasserhaushaltes, als Flächen zur Erhaltung des natürlichen Zustandes der Umwelt und als Erholungsgebiete für die Bevölkerung. Wald und Feld sind aber auch Lebensraum der meisten Wildarten. Diese finden darin Deckung und Nahrung. Die jährliche Wildbretproduktion in den Ländern Mitteleuropas ist beachtlich. Gleichzeitig hat die Beobachtung eines reichen Wildbestandes für die Mehrheit der Bevölkerung einen hohen Erholungswert. Alle Menschen haben die ethische Verpflichtung, jede Tierart vor der Ausrottung zu bewahren. Der Schutz bedrohter Tiere ist nur durch die Erhaltung einer größeren Anzahl der gleichen Art auf einem angemessenen Lebensraum möglich.
Eine beliebige Erhöhung des Bestandes der meisten Wildarten ist in intensiv bewirtschafteten Wald- und Feldgebieten nicht durchführbar. Hohe Schäden, besonders während des winterlichen Nahrungsengpasses, wären die Folge. Die Fütterung zur Überbrückung von Notzeiten, zur Ablenkung des Wildes von Wirtschaftspflanzen oder zur Verbesserung des Nahrungsangebotes für gefährdete Arten ist deshalb neben weiteren jagdlichen Bewirtschaftungsmaßnahmen eine wichtige Methode zur Wildschadenverhütung und Hege.
Dieses Buch soll den Jägern, Forstleuten und Landwirten das wichtigste Grundwissen über die Ernährung der häufigsten Wildarten sowie praktische Hinweise für ihre richtige Fütterung in den Notzeiten vermitteln. Es dient damit der Erhaltung eines vielseitigen, bewirtschaftbaren und landeskulturell tragbaren Wildbestandes.

Ich danke allen Kolleginnen und Kollegen sowie den Studenten der Abteilung Forstwirtschaft Tharandt der Technischen Universität Dresden, die bei der Durchführung und Auswertung der Fütterungsversuche sowie bei der Abfassung dieser Schrift mitwirkten, für ihre Unterstützung.

Tharandt, Juni 1993   Karl Mißbach

Einleitung

Die wirtschaftlich bedeutenden Wildschäden an den Baumarten der Forstwirtschaft entstehen bei der Aufnahme von Teilen der Bäume zum Zwecke der Ernährung durch die pflanzenfressenden Wildarten. Rot-, Dam-, Muffel- und Rehwild haben dabei besondere Bedeutung. Hase und Kaninchen können örtlich ebenfalls Schäden verursachen. Für alle diese Wildarten wurde durch zahlreiche wissenschaftliche Arbeiten ein weites Nahrungspflanzenspektrum nachgewiesen. Die Wirtschaftsbaumarten Kiefer, Fichte, Douglasie, Buche, Eiche, Ahorn und andere gehören mit ihren Vegetationsorganen und Rinden bei allen genannten Wildarten dazu. Fichte und Kiefer stehen nach der Beliebtheit als Äsungspflanzen am Ende der Bevorzugungsreihe. Bei den Laubbaumarten trifft dasselbe für die Knospen und Zweige im Winter zu. Die Blätter gehören von Mai bis Juli zu den hochwertigen Äsungspflanzen.
Tritt-, Fege- und Schlagschäden sind im Wald meist von geringerer Bedeutung. Nur in Flurgehölzen sowie an fremdländischen Baumarten können Fege- und Schlagschäden vernichtende Ausmaße annehmen. Sie stehen in keiner Verbindung zur Ernährung der Tiere.
Auch in der Landwirtschaft entstehen die wirtschaftlich schwersten Schäden durch die Nahrungsaufnahme. Rot- und Damwild äsen in den Getreide-, Mais-, Kartoffel- und Rübenfeldern die heranreifenden Früchte und können zusätzlich Tritt- und Lagerschäden verursachen. Die Getreideähren, Maiskolben, Kartoffeln und Rüben sind für die Wildwiederkäuer bevorzugte Kraftfuttermittel, die zur Erhaltung, Reproduktion und Reservestoffbildung neben den Rauhfuttermitteln notwendig sind. Für das Schwarzwild stellen die gleichen Futtermittel zeitweise fast die alleinige Ernährungsgrundlage dar. Hohe Fraß-, Tritt- und Lager-

schäden durch diese Wildart sind in den landwirtschaftlichen Kulturen die Folge.

Die Ursachen für die meisten und schwerwiegendsten Wildschäden sind demnach in Ernährungsproblemen zu suchen. Mit zunehmender Wilddichte der wiederkäuenden Schalenwildarten steigen die Schäl- und Verbißschäden an den forstlichen Wirtschaftsbaumarten stark an. Durch die regelmäßige und ausreichende Fütterung wildartengerecht zusammengesetzter Futtermittel in der Notzeit können sie vermindert werden. Nicht nur ein ausgewogener Eiweiß-, Energie-, Mineralstoff- und Spurenelementgehalt, sondern auch die Struktur, der Wassergehalt sowie die Erreichbarkeit für alle Tiere und zu allen Tageszeiten spielen eine Rolle.

Die Wildschäden in der Landwirtschaft, besonders durch das Schwarzwild, lassen sich dagegen nur durch Verringerung der Wildbestände sowie direkte Schutzmaßnahmen an den Kulturen, z. B. das Aufstellen von Elektrozäunen oder akustisch wirkenden Scheuchgeräten, völlig verhindern. Ablenkfütterungen für Schwarzwild wirken selbst bei hohem Aufwand nur vorübergehend und auch nur bei Wilddichten geringerer Zahl. Regelmäßig beschickt und in ausreichender Entfernung von den Feldfluren angelegt, halten sie die Tiere für einen großen Teil der Nacht in den Waldbeständen, wo sie keine Schäden verursachen können. In den Notzeiten des Winters, bei tiefem Schnee oder länger anhaltendem Barfrost, sollte aber auch die Erhaltungsfütterung für das Schwarzwild eine Aufgabe des weidgerechten Jägers sein.

Während die Fütterung der Schalenwildarten in erster Linie eine Maßnahme der Wildschadenverhütung ist, stellt sie bei eingebürgerten Niederwildarten, z. B. dem Fasan, eine wichtige Methode zur Erhaltung im Jagdgebiet dar. Bei den im Bestand stark zurückgegangenen Arten, etwa dem Rebhuhn, ist sie eine wichtige Maßnahme zur Verminderung von Winterverlusten. Selbst dort, wo das Rebhuhn nicht mehr bejagt werden kann, führen die Jäger neben den

Arbeiten zur Biotopverbesserung die Winterfütterung durch, um ihrer ethischen Verpflichtung zur Erhaltung aller Wildarten nachzukommen.

Äsungsverbesserung und richtige Fütterung sind demnach wichtige, aber auch komplizierte Maßnahmen der Wildschadenverhütung und Wildbewirtschaftung. Gute Kenntnisse der Tierernährung und artengerechten Fütterung sind die Voraussetzung dafür.

Chemische Zusammensetzung der Organismen und Futtermittel

Der tierische Organismus besteht in erster Linie aus Wasser, Eiweißen, Kohlenhydraten, Fetten und Mineralstoffen. Für den Ablauf der Lebensvorgänge sind darüber hinaus die verschiedensten Wirkstoffe unentbehrlich. Zur Ernährung eines Tieres müssen deshalb diese Stoffe bzw. Elemente als Nährstoffe aus dem Futter zugeführt werden.

Eiweiße

Die Trockensubstanz der Tier- und Pflanzenkörper setzt sich in erster Linie aus den 3 organischen Hauptnährstoffen, den Eiweißen, Kohlenhydraten und Fetten, zusammen. Unter diesen nimmt das Eiweiß eine Sonderstellung ein. Es ist Bestandteil jeder Zelle sowie des Protoplasmas und Träger aller Lebensvorgänge im tierischen und pflanzlichen Organismus. Die Bildung von Fleisch, Knochen, Blut, Fermenten, Hormonen, Milch, Geweihen, Hörnern, Haaren usw. ist nur aus Eiweiß möglich (Abb. 1). Dieses enthält, im Gegensatz zu den Kohlenhydraten und Fetten, neben Kohlenstoff und Wasserstoff noch Stickstoff, zum Teil darüber hinaus auch Schwefel, Phosphor und Spurenelemente.

Aus diesen Elementen sind die kleinsten Bausteine der Eiweiße, die Aminosäuren, aufgebaut. Annähernd 20 verschiedene Aminosäuren sind bekannt. Etwa die Hälfte von diesen können im Tierkörper nicht selbst aufgebaut werden, sind aber lebensnotwendig. Sie müssen demnach in der Nahrung enthalten sein. Man nennt sie lebensnotwendige oder essentielle Aminosäuren. Für die Tierernährung ist deshalb auch die Zusammensetzung des Futterweißes von Bedeutung. Lediglich die Wiederkäuer sind in der Lage, durch die Bakterien im Pansen die lebensnotwendigen Aminosäuren selbst aufzubauen.

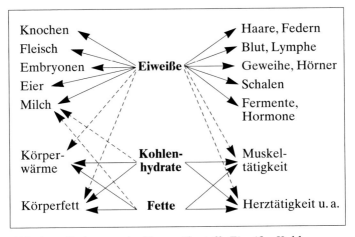

Abb. 1 Bedeutung der Hauptnährstoffe Eiweiße, Kohlenhydrate und Fette für Aufbau, Erhaltung und Leistung des Organismus der jagdbaren Tiere

Die essentiellen Aminosäuren haben spezifische Funktionen im Tierkörper. Ihr Fehlen führt zu schweren Mangelerscheinungen. Die Nahrungseiweiße haben einen unterschiedlichen Gehalt an den einzelnen lebensnotwendigen Aminosäuren und deshalb eine unterschiedliche biologische Wertigkeit. Tierische Eiweiße sind günstiger zusammengesetzt als pflanzliche. Durch Mischen von Eiweißfuttermitteln unterschiedlicher Herkunft oder Wertigkeit kann eine günstigere Zusammensetzung erreicht werden. Eine vielseitige Fütterung sollte deshalb immer angestrebt werden. Bei industriell hergestellten Mischfuttermitteln für Nichtwiederkäuer sind diese Erkenntnisse weitgehend berücksichtigt. Sie stellen deshalb Futtermittel mit hoher biologischer Wertigkeit dar.
In den pflanzlichen, tierischen und industriell hergestellten Futtermitteln gibt es darüber hinaus eine ganze Reihe von Verbindungen, die ebenfalls Stickstoff enthalten, aber keine Eiweiße oder Aminosäuren darstellen. Sie werden als Nicht-Protein-Stickstoff-Verbindungen (NPN) bezeichnet.

Durch die Pansenbakterien der Wiederkäuer können diese Verbindungen, z. B. Futterharnstoff, zum Aufbau des Bakterienkörpereiweißes genutzt werden. Auf diese Weise entsteht im Pansen aus NPN-Verbindungen Eiweiß mit günstiger biologischer Wertigkeit. Die übrigen Tierarten können NPN-Verbindungen nicht oder nur in geringem Maße ausnutzen und verwerten. Bei diesen Tieren entwickeln sie unter Umständen eine starke Giftwirkung. Das gilt auch für die Wiederkäuer, wenn NPN-Verbindungen ohne Gewöhnung oder in zu hohen Gaben verfüttert werden. Die Pansenbakterien müssen sich auf das Vorhandensein dieser Verbindungen einstellen und können nur begrenzte Mengen verwerten.

Kohlenhydrate, Lignin und organische Säuren

Die Kohlenhydrate stellen die Hauptmasse der pflanzlichen Trockensubstanz dar. Sie haben deshalb in der Tierernährung mengenmäßig die höchste Bedeutung. Ihnen kommen im pflanzlichen und tierischen Organismus Funktionen zu. Sie sind Baustoff für das Pflanzengerüst und die Zellwände, Energieträger in Zell- und Gewebesäften sowie Reservestoffe in den Speicherorganen.

Die Grundbausteine der Kohlenhydrate sind die Einfachzucker oder Monosaccharide, z. B. Glukose, Fruktose u. a. In der Nahrung kommen aber meist zusammengesetzte Kohlenhydrate vor, die je nach der Zahl ihrer Grundbausteine Zweifachzucker (Disaccharide) oder Mehrfachzucker (Polysaccharide) genannt werden. Zu den Zweifachzuckern gehören z. B. die Saccharose, zu den Mehrfachzuckern Stärke, Glykogen, Zellulose, Hemizellulosen u. a.

Die Mehrfachzucker stellen für die Ernährung der pflanzenfressenden Tiere die wichtigsten Kohlenhydrate dar. In den Pflanzen sind sie Gerüst- und Reservestoffe. Für die Tiere haben sie Bedeutung als Energieträger und Reservestoffe.

Stärke ist das wichtigste pflanzliche Reservekohlenhydrat, das vorwiegend in Getreidekörnern, Kartoffelknollen, Eicheln, Kastanien usw. gespeichert wird.

Glykogen ist das Reservekohlenhydrat der Tiere. Es wird aus der aufgenommenen pflanzlichen Nahrung aufgebaut und vorwiegend in der Leber gespeichert.

Zellulose ist im Stützgewebe und den Zellwänden der Pflanzen in einem hohen Anteil vertreten. Die höheren Tiere erzeugen in ihrem Verdauungstrakt kein Enzym, das direkt die Zellulose in ihre Bausteine aufspalten kann. Das ist erst durch Enzyme der zellulosespaltenden Bakterien möglich, die bei den Wiederkäuern im Pansen und bei den anderen Pflanzenfressern (Hase, Kaninchen) im Dickdarm, besonders im Blinddarm leben.

Hemizellulose, Inulin und **Pektine** sind weitere Mehrfachzucker, die neben der Zellulose in den Pflanzen als Reservekohlenhydrate, Gerüstsubstanzen usw. vorkommen. Inulin ist z. B. anstelle der Stärke im Topinambur als Reservestoff eingelagert. Diese Mehrfachzucker können von den Pflanzenfressern gut verdaut werden.

Lignin ist ein weiterer, für die Tierernährung bedeutungsvoller Pflanzeninhaltsstoff. Es ist kein Kohlenhydrat, aber ein wichtiger Begleitstoff der Zellulose in allen verholzten Pflanzenteilen. Es umhüllt die Zellulosemoleküle, ist strukturell mit ihnen verknüpft und füllt die Zellzwischenräume aus. Lignin ist selbst unverdaulich und behindert die Aufspaltung der Zellulose und Hemizellulose durch die Bakterien im Verdauungstrakt der Pflanzenfresser. Es wird bei der Bestimmung des Rohfasergehaltes des Futters mit der Zellulose und den Hemizellulosen erfaßt. Durch die Unverdaulichkeit des Lignins sowie der vom Lignin umgebenen Zellulosefasern sinkt die Verdaulichkeit der Futterstoffe mit zunehmendem Rohfasergehalt, vor allem, wenn dieser auf einer hohen Verholzung, also Einlagerung von Lignin, beruht. Reine Zellulose wird dagegen von den Wiederkäuern recht gut verdaut. Nach Versuchen mit Haustieren nimmt die Verdaulichkeit der organischen Substanz um etwa 1 % ab, wenn der Rohfasergehalt um 1 % zunimmt. Da die Wiederkäuer mit ihrem gesamten Verdauungstrakt an strukturierte Pflanzennahrung angepaßt sind, gibt es einen optimalen Gehalt an Rohfaser, der je nach Tierart zwischen 10 und 25 % Gehalt liegt. Junge Grünpflanzen mit ihrem Rohfasergehalt unter bzw. um 20 % werden deshalb vom Wild bevorzugt geäst, und Futterkonservate (Heu, Silage) haben einen um so höheren Futterwert, je früher sie geerntet wurden. Bei den Bodenpflanzen wie Gräsern, Leguminosen u. a. ist das vor dem Schieben der Ähren bzw. dem Blühen der Fall. Bei den Blättern und Trieben der Holzgewächse liegt dieser Zeitpunkt zwischen dem Austreiben und dem Verholzen in den Monaten Mai und Juni. Auch das Heu vom zweiten Schnitt der Wiesen, das Grummet, hat einen niedrigen Rohfasergehalt und wird deshalb gut vom Wild angenommen.

Organische Säuren entstehen bei der Silierung von pflanzlichen Futtermitteln und sind deshalb in größeren Mengen in Silagen enthalten. Außerdem werden sie im Pansen der Wiederkäuer beim Abbau der Kohlenhydrate gebildet. In verschiedenen Pflanzen, z. B. in Rübenblättern, Gräsern und Kräutern liegen sie als Salze der organischen Säuren vor. Die wichtigsten organischen Säuren, die bei den mikrobiellen Prozessen der Silierung oder des Kohlenhydratabbaues im Pansen der Wiederkäuer entstehen, sind Milch-, Essig-, Propion- und Buttersäure. Die Milchsäure wird rasch zu Propion- und Essigsäure umgebildet. Diese und die Buttersäure werden bereits in den Vormägen (Pansen) resorbiert und mit dem Blutstrom in die Leber und andere, energieverbrauchende Organe transportiert. Dort werden sie in komplizierten Stoffwechselprozessen für energetische Zwecke verbraucht oder zu Reservefett umgewandelt.

Fette und fettähnliche Stoffe

Fette sind die energiereichsten Substanzen, die in den Organismen vorkommen. Sie dienen deshalb in erster Linie als Energiespeicher. Das in der Nahrung enthaltene Fett liefert den höchsten Anteil der Energie zur Unterhaltung der Lebensfunktionen. Die höheren Tiere haben ein mehr oder weniger hohes Fettspeicherungsvermögen.

Das **Depotfett** wird in bestimmten Speichergeweben, z. B. dem Unterhautbindegewebe und dem Zwischengewebe der Eingeweide, abgelagert. Es stellt dort in erster Linie eine Energiereserve dar, die mobilisiert wird, wenn der Energiebedarf durch die Nahrung nicht mehr gedeckt werden kann. Darüber hinaus dienen diese Fette der Wärmeisolierung und dem Schutz empfindlicher Organe, z. B. der Nieren. Besondere Bedeutung hat das Fettspeicherungsvermögen für Tierarten, die in Gebieten mit strengen Wintern einem ausgesprochenen Nahrungsdefizit ausgesetzt sind. Dazu gehören unter dem Wild in erster Linie die im Winter schlafenden oder ruhenden Arten Murmeltier und Dachs sowie das Schwarzwild. Aber auch die Wiederkäuer sind in der Lage, beachtliche Feistreserven anzulegen, die in energieaufwendigen Perioden wie der Brunftzeit bzw. im Winter als Energiereserven wieder abgebaut werden.

Neben dem Depotfett tritt im Tierkörper das **Organfett** auf. Es ist bei jedem Tier spezifisch zusammengesetzt und hat ganz spezielle Funktionen im Stoffwechsel zu erfüllen. Dabei wird es ständig ab- und aufgebaut. Zu den Bestandteilen des Organfettes gehören auch fettähnliche Stoffe, z. B. Phosphatide, Sterine, Karotinoide und Wachse, die unter anderem wichtige Stoffwechselfunktionen zu erfüllen haben. Die Phosphatide dienen dem Fett- und Energietransport und sind Bestandteile des Nervengewebes. Sterine, z. B. Cholesterin, spielen bei der Fettverdauung, als Vorstufen verschiedener Vitamine sowie als Hormone eine wichtige Rolle. Karotinoide haben als Vorstufen des Vitamins A sowie als Farbstoffe hohe Bedeutung. Wachse überziehen die Oberfläche der Blattorgane der Bäume. Sie sind für Tiere unverdaulich. Das Gefieder des Wasserwildes sowie das Deck- und Wollhaar des Muffelwildes wird durch Wachse wasserabweisend.

Die Organfette sind zum Teil aus ungesättigten Fettsäuren aufgebaut. Diese können vom Tier nicht selbst gebildet werden, sind also lebensnotwendig (essentiell). Sie müssen, zumindest in geringem Anteil, mit der Nahrung zugeführt werden.

Wasser

Das Wasser ist nach dem Gewicht der Hauptbestandteil der tierischen und meisten pflanzlichen Organismen. Der Gehalt der einzelnen Gewebe an Wasser ist sehr unterschiedlich. Beim erwachsenen Tier beträgt er im Durchschnitt 50 bis 60 %. Er wird durch Trocknung des organischen Materials bei 105 °C bestimmt. Der verbleibende Rückstand wird als Trockensubstanz (TS) bezeichnet. Er enthält alle festen organischen und anorganischen Stoffe.

Alle chemischen Reaktionen, die Aufspaltung und Lösung vieler organischer und anorganischer Stoffe, der Transport der Nährstoffe, der Wärmetransport, die Wärmeregulation und viele weitere physiologische Vorgänge verlaufen nur mit Wasser. Beim Wiederkäuer ist ein hoher Wassergehalt des Futters bereits für den Ablauf des Wiederkauens und der Pansenbewegungen sowie als Grundlage für das Leben der Pansenbakterien und -protozoen notwendig.

Wasser zählt deshalb zu den wichtigsten, lebensnotwendigen Bestandteilen der Nahrung. Bereits kurzfristiger Wasserentzug führt zu erheblichen Leistungsminderungen. Bei der Fütterung muß deshalb unbedingt auch an eine ausreichende Zufuhr von Wasser gedacht werden. Ein erheblicher Teil des Wassers im Körper entsteht allerdings auch bei Stoffwechselvorgängen, z. B. dem Fettabbau. Dieser Anteil reicht aber bei den meisten Tieren nicht zur Deckung des Bedarfs aus.

Mineralstoffe

Neben den Hauptnährstoffen und Wasser sind eine ganze Reihe von Mineralstoffen im Pflanzen- und Tierkörper enthalten und lebensnotwendig für den Organismus. Sie müssen ihm deshalb auch ständig zugeführt werden. Nach der Höhe des Bedarfs wurden sie in Mengen- und Spurenelemente eingeteilt.

Zu den **Mengenelementen** gehören Kalzium (Ca), Magnesium (Mg), Natrium (Na), Kalium (K), Phosphor (P), Chlor (Cl) und Schwefel (S).

Als **lebensnotwendige Spurenelemente** wurden bisher Eisen (Fe), Mangan (Mn), Zink (Zn), Kupfer (Cu), Kobalt (Co), Jod (J), Fluor (F), Selen (Se), Chrom (Cr), Molybdän (Mo), Nickel (Ni), Vanadium (V), Silizium (Si) und Zinn (Sn) nachgewiesen. Die regelmäßige Zuführung dieser Elemente ist notwendig, um die beim Wachstum, der Geweihbildung und der Trächtigkeit benötigten Mengen zu liefern bzw. die mit der Losung, dem Harn, der Milch und dem Schweiß ausgeschiedenen Mengen zu ersetzen. Die Mineralstoffe werden mit der pflanzlichen oder tierischen Nahrung in Form verschiedener Verbindungen aufgenommen, die bei der Verdauung aufgespalten werden müssen. Allerdings können nicht alle in der Nahrung enthaltenen Mineralstoffverbindungen vom Tier ausgenutzt werden. Die in den Futtermittel- oder Pflanzenanalysen angegebenen Mineralstoffgehalte sind deshalb nicht immer für das Tier verwertbar.

Die Mineralstoffe haben eine hohe Bedeutung im Körper. Sie werden durch das Blut in alle Zellen transportiert und wirken im Stoffwechsel allein oder als Teile körpereigener Wirkstoffe, z. B. der Fermente und Hormone. Sie sind auch für die Erhaltung des Zelldruckes, die Durchlässigkeit der Zellwände sowie den Ablauf vieler chemischer Umsetzungen unentbehrlich. Nerven und Muskeln arbeiten nur bei Gegenwart der notwendigen Mineralstoffe. Sie sind darüber hinaus auch feste Bestandteile der Organe und Hauptbestandteile der Knochen und Geweihe. Vorrangig ist aber ihre Bedeutung im Stoffwechsel. Bei zu niedrigem Angebot in der Äsung werden die fehlenden Mineralstoffe aus dem Skelett zugunsten der Stoffwechselprozesse freigesetzt. Starke Geweihe werden nur bei einem über den Stoffwechselbedarf hinausgehenden Angebot an Mineralstoffen gebildet.

Pflanzen nehmen die im Wasser gelösten Mineralstoffverbindungen durch die Wurzeln auf und können über den Bedarf hinausgehende Mengen in gewissen Grenzen speichern. Der Mineralstoffgehalt der Pflanzen und damit der Äsung hängt vom Gehalt des Bodens, von der Düngung, von der Witterung, vom Vegetationsstadium und anderen Einflüsse, z. B. auch von den Futterernteverfahren, ab.

Landwirtschaftliche Nutztiere können durch das Fehlen bestimmter Mengen- oder Spurenelemente an Mangelerscheinungen leiden, obwohl kurzfristige Mangelsituationen vom Tierkörper in gewissen Grenzen ausgeglichen werden. Bei den Mengenelementen sind Krankheitserscheinungen durch nicht ausreichende Zufuhr von Kalzium, Phosphor, Natrium und Magnesium aus der landwirtschaftlichen Praxis bekannt. Dasselbe gilt für die Spurenelemente Eisen, Mangan, Zink, Kupfer, Kobalt und Jod.

Bei Wildtieren treten Mangelerscheinungen nicht so offen zu Tage, da durch ihre freie Nahrungswahl ein ausgegliche-neres Angebot besteht. Darüber hinaus werden Wachstumsdepressionen durch Mineralstoffmangel kaum erkannt. Durch die Versuche von VOGT (1940) wurde erstmals bewiesen, daß auch bei den Wildarten höchste Leistungen an Körpermasse und Trophäenstärke außer von einem hohen Gehalt an Eiweiß und Energie auch von einem optimalen Angebot an Mineralstoffen in der Äsung abhängen. Neuere Untersuchungen von ANKE u. Mitarbeitern konnten nachweisen, daß in freilebenden Wildpopulationen durch Mangel an Spurenelementen, z. B. Kupfer, typische Mangelerscheinungen wie Skelettschäden auftreten können. Aufgrund geringen Gehaltes in der Winteräsung ist bei Wildwiederkäuern auch Unterversorgung mit den Mengen-

elementen Phosphor und Natrium sowie gebietsweise mit Mangan möglich. Stärker gefährdet durch Mineralstoffmangelerscheinungen sind aber Wildbestände, die in Gattern bei ganzjähriger Fütterung gehalten werden.
Die Mineralstoffe stehen in ihrer Wirkung in engen Wechselbeziehungen zueinander, die teilweise noch nicht völlig aufgeklärt sind. Überangebote an Schwefel, Kadmium u. a. können auch in Gebieten mit ausreichend Kupfer in der Äsung zu Kupfermangelerscheinungen führen. Erhöhte Kalzium- und Kupfergaben können Zinkmangelerkrankungen verursachen. Zinküberschuß beeinflußt dagegen den Eisen- und Kupferstoffwechsel der Tiere. Wie aus den Beispielen hervorgeht, ist eine Beurteilung dieser Mineralstoffwechselvorgänge durch den Jäger nicht möglich. Das Erkennen von Mangel- bzw. Überangebotserkrankungen ist deshalb nur in Zusammenarbeit mit Spezialinstituten möglich. Zufütterungen von Mineralstoffen sollten nur durch das Verfüttern der anerkannten Mineralstoffgemische der Landwirtschaft für gleiche Tiergruppen, z. B. Mischungen für Rinder an die Wildwiederkäuer Rotwild, Damwild, Muffelwild und Rehwild, erfolgen. Die in der Literatur angegebenen Zugabemengen, z. B. maximal 5 % zur Mischfutterration, sind einzuhalten.
Die nachfolgende Beschreibung der einzelnen Elemente kann deshalb nur eine Übersicht sein:
Kalzium (Ca) ist der Hauptbestandteil der Knochen und der Zähne. 99 % des Körperkalziums sind im Skelett enthalten. Ca hat aber auch wichtige Funktionen im Stoffwechsel zu erfüllen. Schäden können durch überhöhte Gaben an Kalzium, besonders beim Schwein, entstehen.
Phosphor (P) steht in enger Wechselbeziehung zum Kalzium. Beide Elemente sind im Masseverhältnis Ca : P wie 2 : 1 in den Knochen und Zähnen enthalten. Phosphor hat darüber hinaus wichtige Funktionen im Stoffwechsel, z. B. bei der Eiweißbiosynthese, der Energiespeicherung, der Energiefreisetzung und anderen Vorgängen. Starker Phosphormangel über eine längere Zeit führt zu verminderter

Futteraufnahme, Wachstumsstillstand und Erniedrigung des Phosphor- und Kalziumgehaltes in den Knochen. In der landwirtschaftlichen Literatur wird berichtet, daß nach Phosphormangel bei Rindern der Abriß der Achillessehne eintreten kann. Das wurde auch bei einem hochbeschlagenen Rottier nach jahrelanger, mineralstoffarmer Fütterung im Gatter beobachtet.

Kalzium und Phosphor können nur aus leicht spaltbaren Verbindungen aufgenommen werden. Sie müssen bereits in der Nahrung in günstigem Verhältnis (2 : 1) zueinander stehen. Zur Aufnahme muß außerdem ausreichend Vitamin D vorhanden sein. Ist das nicht der Fall, wird das eine oder andere Element schlechter resorbiert und überschüssige Mengen ungenutzt ausgeschieden. Nach DRESCHER-KADEN (1971) benötigt ein weibliches Stück Rotwild (etwa 80 kg Körpermasse) täglich 6,4 g Kalzium und 3,2 g Phosphor. Wenn es säugt, kommen 5,6 g Kalzium und etwa 4 g Phosphor noch dazu. Weibliches Rehwild (etwa 20 kg Körpermasse) benötigt täglich 2,4 g Kalzium und 1,2 g Phosphor. Während der Säugezeit erhöht sich das um 1,2 g Kalzium und 0,8 g Phosphor. Auch männliches Wild benötigt während des Geweihschiebens sehr hohe Mengen an Kalzium und Phosphor. Ein Rothirsch muß in ein Geweih von 10 kg täglich während des Schiebens 16 bis 19 g Kalzium und 7 bis 8 g Phosphor einbauen. Diese werden mit der Äsung aufgenommen und auch aus dem Skelett mobilisiert. Durch ausreichendes Angebot an Mineralstoffen, Eiweiß und Energieträgern mit der Äsung kann die Geweihmasse wesentlich erhöht werden. Nach amerikanischen Versuchen am Weißwedelhirsch schieben Geweihträger bei einer Äsung, die in der Trockensubstanz 13 bis 16 % Roheiweiß, 0,64 % Kalzium und 0,56 % Phosphor enthält, starke Trophäen. Liegen die Gehalte darunter, werden nur geringe Geweihmassen erreicht.

Das Kalzium-Phosphor-Verhältnis in der Äsung ist nicht immer optimal (1,5 bis 2 : 1), es sollte deshalb durch Mineralstoffzulagen oder entsprechende Futterkombinationen ausgeglichen werden. Da der Bedarf außerdem von Tierart zu Tierart unterschiedlich ist, müssen die für die landwirtschaftlichen Nutztiere entwickelten Mineralstoffmischungen auch für die entsprechenden Wildarten eingesetzt werden. Bei Wildwiederkäuern liegt in der normalen Äsung bzw. Fütterung (Gras, Kräuter, Rüben, Heu) meist Kalziumüberschuß, bei Schwarzwild im Gatter (hoher Getreideanteil im Futter) meist Phosphorüberschuß vor. Flugwildarten benötigen, vor allem im Frühjahr, ein zum Kalzium verschobenes Verhältnis (4 bis 5 : 1). Die Auswertbarkeit der in der Äsung enthaltenen Mineralstoffverbindungen ist unterschiedlich. Kalzium und Phosphor aus der natürlichen Äsung werden nur zu etwa 60 % verwertet. Bei den vorwiegend im Wald äsenden Wildarten ist im Winter ein Phosphordefizit aufgrund des geringen Gehaltes in der Winteräsung anzunehmen.

Durch Düngung der Äsungsflächen nach Bodenanalysen kann bereits ein wichtiger Beitrag zur natürlichen Versorgung des Wildes mit den Mengenelementen Kalzium und Phosphor geleistet werden.

Magnesium (Mg) ist ein weiteres wichtiges Mengenelement. 60 % des Gesamtgehaltes des Körpers an Mg sind im Skelett enthalten. Neben seiner Funktion als Bestandteil der Knochen und Zähne ist es für den Ablauf bestimmter Stoffwechselreaktionen unbedingt erforderlich.

Als bedeutendste Mg-Mangelkrankheit ist die Weidetetanie der Milchkühe in der landwirtschaftlichen Tierproduktion bekannt. Niedriger Magnesium-, aber hoher Stickstoff- und Kaliumgehalt des Weidefutters führen bei hohen Milchleistungen neben anderen auslösenden Faktoren zur Erkrankung bis zum Tod der Tiere. Der Weidetetanie wird durch Zufütterung Mg-reicher Mineralstoffmischungen in den Monaten Mai und Juni vorgebeugt. Die Vermutung, daß die Sommerschälschäden an Baumstämmen durch Rotwild ebenfalls auf Mineralstoffmangel zurückzuführen sind und durch Zufütterung von Mineralstoffmischungen vermieden werden können, haben sich nicht bestätigt.

Das Mengenelement **Natrium** (Na) findet sich in den Körperflüssigkeiten, im Speichel der Wiederkäuer und im Skelett. Es hat auch wichtige Stoffwechselfunktionen zu erfüllen. Die im Speichel der Wiederkäuer enthaltenen Natriumverbindungen dienen zur Abpufferung der bei der Vergärung im Pansen entstehenden Säuren bis auf ein für die Bakterien optimales Milieu. Bei Natriummangel sind Wachstum, Milchproduktion und Milchfettgehalt vermindert. In der Winteräsung des Rehwildes ist weniger Natrium enthalten als zur Bedarfsdeckung, gemessen an Rind und Schaf, notwendig ist. Bei diesem Element ist demnach mit einem Mangel bei den Wildwiederkäuern zu rechnen (ANKE u. a. 1984). Dem Na-Mangel bei Wildtieren kann durch Zugabe von Mineralstoffmischungen zum Winterfutter, die Anlage sowie regelmäßige Beschickung von Salzlecken und Düngung der Äsungsflächen vorgebeugt werden. Gegenüber einem Na-Überschuß in der Nahrung, wie er durch Kochsalzzugabe (NaCl) entstehen kann, sind Wiederkäuer weitgehend unempfindlich.

Die Werte für Wiederkäuer, Schweine und Geflügel in Tabelle 1 dürfen sicherlich auf die entsprechenden Wildarten übertragen werden. Die Konservierung bestimmter Futtersorten (Kastanien, Eicheln) mit Kochsalz für die Winterfütterung ist demnach unbedenklich. Freie Wasseraufnahme muß allerdings stets, d. h. auch bei Frost, gewährleistet sein. Sind eingesalzene Eicheln auch dem Schwarzwild zugänglich, ist dessen niedrigere Verträglichkeitsgrenze zu beachten, um Kochsalzvergiftungen zu vermeiden.

Kalium (K) ist vorwiegend in den Gewebezellen enthalten.

Tabelle 1
Die Verträglichkeitsgrenzen von NaCl bei verschiedenen Nutztierarten (nach PÜSCHNER, SIMON 1977, gekürzt)

	NaCl-Gehalt (%) im	
	Trockenfutter	Tränkwasser
Wiederkäuer	9,0	1,2
Schweine	5,0	1,0
Pferde	3,0	0,6
Geflügel	3,0	0,4

Es hat ähnliche Stoffwechselfunktionen wie Natrium zu erfüllen. Kaliummangelerkrankungen sind bisher nicht aufgetreten. Erhöhte Kaliumzufuhr, z. B. durch einseitige Rübenfütterung, kann zu Natriummangel führen, da dieses Element mit Kalium ausgeschieden wird. Eine vielseitige Fütterung und Salzlecken schützen davor.

Chlor (Cl) hat als Bestandteil der Salzsäure des Drüsenmagens sowie als Begleiter des Natriums und Kaliums im Stoffwechsel Bedeutung. Die Futtermittel besitzen einen hohen Chlorgehalt. Bisher sind keine Mangelerscheinungen beobachtet worden.

Schwefel (S) ist im tierischen Organismus Bestandteil wichtiger Eiweißverbindungen. Er wird mit der pflanzlichen oder tierischen Nahrung in ausreichender Menge aufgenommen.

Eisen (Fe) gehört zu den lebensnotwendigen Spurenelementen. Es ist zu einem hohen Prozentsatz im Blutfarbstoff Hämoglobin und dem Muskelfarbstoff enthalten. Etwa 20 % des Gesamteisens werden in Form verschiedener Verbindungen als Depot-Eisen im Körper gespeichert. Milch enthält wenig Eisen. Deshalb können Jungtiere, besonders des Schweines, an Eisenmangel erkranken, was sich durch niedrige Körpermassezunahme äußert. Frischlinge sind weniger gefährdet, da sie durch Brechen im Boden Eisenspuren aufnehmen können. Erwachsene Tiere erhalten mit dem Futter ausreichende Eisenmengen.

Mangan (Mn) ist ein weiteres lebensnotwendiges Spurenelement. Es wird zur Aktivierung verschiedener Stoffwechselvorgänge und zum Fettaufbau im Körper benötigt. Mn-Mangelerscheinungen können bei Rindern und Geflügel auftreten. Sie äußern sich in Störungen der Fruchtbarkeit, des Skelettaufbaues u. a. Die Mn-Mangelerkrankungen treten bei Haustieren besonders auf Löß-, Muschelkalk-, Keuper- und kalküberdüngten Standorten auf. Die Äsungspflanzen des Waldes liefern viel Mangan. Manganmangel ist deshalb höchstens bei Feldrehbeständen in den Manganmangelgebieten möglich. Bei der künstlichen Aufzucht von

Auerwildkücken kann Manganmangel auftreten, der sich durch Verdrehung eines Ständers äußert.

Zink (Zn) ist unter anderem in den Augen, im Haar, der Haut und im Skelett enthalten. Es ist notwendiger Bestandteil vieler Enzyme. Zn-Mangel kann zu Haut-, Haar- und Skelettschäden beim Schwein, Geflügel und auch bei Wiederkäuern, z. B. dem Schaf, führen. Zn-Mangelerscheinungen können auf kalkreichen Standorten sowie nach einem Überangebot von Kalzium oder Kadmium auftreten. Sie sind durch Zugabe der spezifischen Mineralstoffmischungen zu vermeiden. Bei freilebenden Wildtieren ist Zn-Mangel nicht zu erwarten.

Kupfer (Cu) ist ein wichtiges Spurenelement. Es ist für den Aufbau des Blutfarbstoffes und für die Funktion verschiedener Enzyme von Bedeutung. Bei Kupfermangel treten Skelettschäden, Wachstumsminderungen und andere Schäden auf. Beim Schaf äußern sich die Skelettschäden als Verdickungen der Vorderfußwurzelgelenke sowie X- oder O-Beinigkeit. Für die gleichen Erscheinungen bei freilebenden Muffelwildbeständen konnte ebenfalls Kupfermangel als Ursache nachgewiesen werden. Primärer, auf das niedrige Kupferangebot in der Äsung zurückzuführender Mangel tritt auf Moor-, Syenit- sowie Sand- und Geschiebelehmböden auf. In der Nähe großer Industrieballungsgebiete kann durch zu hohe Schwefel-, Molybdän- und Kadmiumgehalte auf und in den Pflanzen sekundärer Kupfermangel beim Wild auftreten. Die Kupfermangelerkrankungen können durch die Zugabe von „Mineralstoffgemischen für Kupfermangelgebiete" zum Futter bzw. durch Düngung der Äsungsflächen vermindert werden.

Kobalt (Co) ist im Vitamin B_{12} als notwendiges Spurenelement eingebaut. Vitamin B_{12} ist ein wichtiger Bestandteil des tierischen Eiweißes. Bei den Wiederkäuern produzieren die Pansenbakterien bei ausreichendem Kobaltangebot das Vitamin B_{12} im Pansen. Bei den anderen Tieren muß Vitamin B_{12} über tierisches Eiweiß in der Nahrung zugeführt werden. Eine Ausnahme bilden Hase und Kaninchen, die

durch die Koprophagie (Kotfressen) das von den Dickdarmbakterien gebildete Vitamin B_{12} wieder aufnehmen. Fehlt in der Nahrung der Wiederkäuer Kobalt, dann produzieren die Pansenbakterien nicht mehr ausreichende Mengen Vitamin B_{12}, und es kommt zu verminderter Futteraufnahme, Bluterkrankung und Abmagerung.
Mit den Mineralstoffmischungen für Wiederkäuer können Mangelerscheinungen vermieden werden.
Jod (J) ist Bestandteil der Schilddrüsenhormone, die in erster Linie die geschlechtliche Entwicklung und das Wachstum im tierischen Körper regulieren. Das Jod ist deshalb auch zu 90 % in der Schilddrüse enthalten. Jodmangel führt bei Haustieren zu krankhaften Veränderungen der Schilddrüse, z. B. Kropfbildung, sowie Wachstumseinschränkungen, Verzögerung der Entwicklung und Zwergwuchs.
Vom Wild in freier Wildbahn sind Mangelerscheinungen noch nicht bekannt geworden.
Fluor (F), **Selen** (Se), **Chrom** (Cr), **Molybdän** (Mo) und **Nickel** (Ni) sind weitere lebensnotwendige Spurenelemente. Sie sind Bestandteile des Skeletts, der Zähne, des Körpereiweißes sowie bestimmter Vitamine und Enzyme. Mangel- bzw. Vergiftungserscheinungen bei Unter- oder Überangebot wurden mit wissenschaftlichen Methoden nachgewiesen. Bei Wildtieren sind lediglich Vergiftungserscheinungen, z. B. durch Fluor in Gebieten mit hohen Belastungen aus Industriegebieten, nach dem bisherigen Erkenntnisstand möglich.
Neben den lebensnotwendigen Spurenelementen können andere Elemente durch Überangebot und darauf beruhende Schadwirkungen von Bedeutung sein. In Mitteleuropa handelt es sich in erster Linie um Kadmium (Cd), Blei (Pb), Arsen (As) und Quecksilber (Hg). Kadmium, Arsen und Blei werden in Gebieten, die Jahrhunderte lang durch die Industrie mit diesen Stoffen belastet sind, über die Äsungspflanzen aufgenommen und im Körper gespeichert. Es sind akute und chronische Vergiftungen bekannt geworden. Unter den Wildtieren sind die durch sekundären Kup-

fermangel bedingten Skelettschäden beim Muffelwild nachweislich auf hohe Kadmium- und Schwefelbelastungen zurückzuführen. Quecksilbervergiftungen sind beim Wild durch die Aufnahme bzw. die direkte Verfütterung von Getreidekörnern, die mit Quecksilberbeizen behandelt wurden, möglich. Darmentzündungen, Durchfall und Nierenschädigungen sind die Folge. Kadmium und Quecksilber werden vorwiegend in den Nieren, der Leber und auch im Wildbret gespeichert. Bei hohen Belastungen werden das Geräusch und das Wildbret genußuntauglich. Als Gegenmaßnahmen können nur das Verfüttern unbelasteter Futtermittel sowie von Mineralstoffgemischen für Kupfermangelgebiete bei Kadmium und das Fernhalten der Tiere von gebeiztem Saatgut bei Quecksilber empfohlen werden. Die strikte Einhaltung des Verbotes der Verfütterung gebeizten Saatgutes auch im gewaschenen Zustand an Wild ist notwendig.

Wirk- und Zusatzstoffe

Neben den organischen und anorganischen Baustoffen haben die im Pflanzen- und Tierkörper in sehr kleinen Mengen vorkommenden Wirkstoffe als Biokatalysatoren im Stoffwechsel lebenswichtige Bedeutung. Zu ihnen gehören die Vitamine, Fermente (Enzyme), Hormone und sonstigen Wirkstoffe.

Vitamine sind organische Verbindungen, die der tierische Organismus ständig in kleinsten Mengen zur Regulierung der Stoffwechselvorgänge benötigt. Sie sind lebensnotwendig, können aber mit wenigen Ausnahmen im Tierkörper nicht selbst aufgebaut werden. Die Tiere sind deshalb auf die Versorgung von außen durch das Futter oder durch die Aufnahme der von den Mikroorganismen im Verdauungstrakt aufgebauten Vitamine angewiesen. Das Fehlen von Vitaminen führt zu Wachstumsstörungen und anderen Mangelerscheinungen. Ein Überangebot kann Krankheiten hervorrufen.

In der landwirtschaftlichen Fütterung bzw. in der Ernährung des Menschen kann Mangelerscheinungen durch ein vielfältiges Nahrungsangebot vorgebeugt werden. Beim freilebenden Wild enthalten die grünen Pflanzen während der Vegetationszeit meist genügend Vitamine oder ihre Vorstufen. Bei einigen Vitaminen werden Vorräte im Körper angelegt. Mit der Verminderung der Qualität und Quantität der Grünäsung im Winter setzt aber auch in der Vitaminversorgung ein Engpaß ein, und es ist wichtig zu wissen, ob in dieser Zeit die Beigabe von Vitaminen zum Winterfutter notwendig ist.

Vitamin A ist unter anderem für die Zellvermehrung während des Wachstums notwendig. Die Pflanzenfresser nehmen es in seinen Vorstufen (Carotinoide) aus der Grünäsung auf, wandeln es in Vitamin A um und speichern es in der Leber. Mit dieser Reserve können sie auch den Winter überstehen. Lediglich bei sehr langen, schneereichen und sonnenscheinarmen Wintern können Vitamin-A-Mangelerscheinungen auftreten (BRÜGGEMANN, DRESCHER-KADEN 1971), wenn die Tiere nur Knospen, Nadeln und schlechtes Heu äsen. In schlecht geworbenem und gelagertem Heu sind 90 % des Carotingehaltes verloren gegangen. Bei dem Wild treten Wachstumsminderungen, geringe Trophäen und Anfälligkeit gegenüber Parasiten auf. Die Mangelerscheinungen können durch Fütterung von Silage oder Heu guter Qualität verhindert werden. Allesfresser, z. B. Schwarzwild, benötigen ebenfalls Vitamin A. Sie nehmen die Vorstufen aus der Grünäsung sowie durch den Fraß von Kleinsäugern, Fallwild oder Aufbruch von Wiederkäuern auf. In Gattern oder sehr strengen Wintern müssen sie ebenfalls gute Silage, Knollenfrüchte oder industriell hergestellte „Mischfuttermittel für Schweine" erhalten, in denen die notwendigen Vitamine enthalten sind.

Fleischfresser und Flugwild nehmen aus ihren Beutetieren und der Äsung ausreichend Vitamin A auf. Lediglich bei Fasanen und Rebhühnern kann bei ausschließlicher Fütterung mit Getreidekörnern in schneereichen Wintermonaten oder bei Volierenhaltung ein Mangel entstehen, dem durch die Beigabe von Grünfutter oder entsprechendem „Mischfutter für Geflügel" vorgebeugt werden kann.

Vitamine der B-Gruppe sind 9 bekannt. Sie werden Vitamin B_1, Vitamin B_2, Vitamin B_6, Nikotinsäure, Pantothensäure, Biotin, Folsäure, Vitamin B_{12} und Cholin genannt. Die B-Vitamine sind in erster Linie für den Zellstoffwechsel notwendig. In Aufbau und Wirkungsweise sind sie teilweise sehr verschieden. Ihre Wirkung kann sich aber auch überschneiden. Sie sind in grünen Pflanzen, Samen sowie Keimen enthalten und werden durch die Bakterien des Magen-Darmtraktes gebildet. Beim Tier sind sie in allen Zellen, der Leber, den Nieren sowie in Milch und Eiern vorhanden.

Die Wildwiederkäuer werden durch ihre Pansenbakterien ausreichend versorgt. Hasen und Kaninchen nehmen die B-Vitamine durch das Äsen des weichen Kotes (Koprophagie) auf. Die Fleischfresser versorgen sich in freier Wildbahn durch ihre Beutetiere mit diesen Vitaminen. Bei einseitiger Fütterung des Hundes kann es durch Biotinmangel zu Haarausfall kommen. Schwarzwild leidet unter Umständen Mangel bei Gehegehaltung und einseitiger Fütterung, z. B. mit viel Mais. Bei Wildgeflügel können in den Wintermonaten oder bei Volierenhaltung leicht Mangelerscheinungen auftreten. Diese äußern sich im Ausfall von Federn sowie Verminderung des Wachstums, der Legeleistung und des Schlupfergebnisses.

Durch vielseitige Fütterung und Einsatz industriell hergestellter Mischfuttermittel (Hundemischfutter, Sauenalleinfutter, Putenstarterfutter, Entenstarterfutter) können die Mangelerscheinungen überwunden werden.

Vitamin C wirkt beim Skelettaufbau mit, hat Funktionen im Stoffwechsel und erhöht die Abwehrkraft des Körpers gegen Infektionen. Es wird von höheren Pflanzen und den meisten Tieren selbst aufgebaut.

Mangelerscheinungen sind deshalb bei den einheimischen Wildarten nicht zu erwarten.

D-Vitamine regulieren den Kalzium-Phosphor-Stoffwechsel.

In Mangelsituationen treten rachitische Erkrankungen auf. Das Geweihwachstum wird negativ beeinflußt. Die Vorstufen der D-Vitamine sind in den Pflanzen enthalten und werden durch das Sonnenlicht in die verschiedenen D-Vitamine umgewandelt. Die Aktivierung und weitere Umwandlungsvorgänge im Körper werden ebenfalls durch das Sonnenlicht angeregt. Bessere Gehörnentwicklung der Rehböcke nach sonnigen Wintern wird auf diese Vorgänge zurückgeführt.

Durch die Fütterung von gutem, sonnengetrocknetem Heu ist die ausreichende Versorgung der Wiederkäuer mit den D-Vitaminen möglich. In Gattern ist die Zufütterung von Mischfuttermitteln für Rinder oder Kälber, die Vitamin D_2 enthalten, möglich.

Schwarzwild, Fleischfresser und Wassergeflügel nehmen die Vitamine D und ihre Vorstufen aus der pflanzlichen und tierischen Nahrung meist ausreichend auf. Fasanen und Rebhühnern kann das bei diesen Tieren besonders wirksame Vitamin D_3 zusätzlich über die Fütterung von Mischfuttermitteln für Geflügel zugeführt werden. Zur Fasanenaufzucht eignen sich z. B. die verschiedenen Putenfuttermittel, die neben allen anderen notwendigen Vitaminen und Wirkstoffen auch Vitamin D_3 enthalten.

Vitamin E reguliert den Stoffwechsel in den Muskeln, den Geschlechtsorganen, der Kohlenhydrate und des Wassers. Mangelsituationen wirken sich deshalb auch negativ auf diese Organe und Vorgänge aus. Vitamin E ist in grünen Pflanzen, Samen und Keimen in ausreichenden Mengen vorhanden. Vom Frühjahr bis zum Spätherbst sind deshalb bei Wildtieren keinerlei Mangelsituationen zu erwarten.

Ob in langanhaltenden Wintern und fehlender oder schlechter Fütterung bei den pflanzenfressenden Wildarten Vitamin-E-Mangel entstehen kann, ist nicht geklärt. Bei im Gatter gehaltenen Tieren kann durch regelmäßiges Füttern von Grünpflanzen, hochwertigen Silagen und Heu Mangelsituationen vorgebeugt werden. Bei der Schwarzwild- oder Fasanenhaltung in Gattern bzw. Volieren kann durch den Einsatz von Sauenalleinfutter bzw. Putenstarterfutter Vitamin E zugefüttert werden.

Vitamin K ist ebenfalls für verschiedene Stoffwechselvorgänge unentbehrlich. Es wird durch die Darmbakterien in größeren Mengen gebildet. Mangelerscheinungen sind nur bei Wildgeflügel zu erwarten. Die für die Fasanen- oder Rebhühneraufzucht einzusetzenden Putenstarterfutter enthalten Vitamin K_3.

Enzyme (Fermente) und **Hormone** sind Biokatalysatoren, die den normalen Ablauf der Stoffwechselprozesse in enger Wechselbeziehung mit nervösen Steuersystemen regulieren. Sie werden in bestimmten Drüsen und Geweben des Körpers produziert und mit dem Blut transportiert. Die meisten sind lebensnotwendig. Über- oder Unterproduktionen führen zu Veränderungen in den Stoffwechselvorgängen und damit zu meist negativen Beeinflussungen der Organismen.

Verdauungsvorgänge bei den Wildarten

Die Nahrungsaufnahme und die Verdauung sind die Voraussetzungen für das Wachstum, die Erhaltung des Energiegleichgewichtes im Organismus und für alle Leistungen der Tiere.
Eiweiß, Kohlenhydrate und Fette müssen verdaut, das heißt, durch physikalische Einwirkungen und mit Hilfe von Enzymen in vom Körper aufnehmbare einfachere Substanzen zerlegt werden. Wasser, Mineralstoffe und Vitamine bzw. ihre Vorstufen werden direkt verwertet. Nicht verwertbare Stoffe müssen abgetrennt oder aus dem Stoffwechsel ausgeschieden und vom Körper abgesetzt werden.

Nahrungsaufnahme

Die Regelung der Nahrungsaufnahme erfolgt durch das zentrale Nervensystem, das Gehirn. Darin sind ein Hungerzentrum, ein Sättigungszentrum u. a. vorhanden. Diese werden durch innere und äußere Faktoren, bedingte Reflexe oder auch Gewohnheiten der Tiere angesprochen. Innere Faktoren sind z. B. der Fettsäure-, Aminosäure-, Glukose- oder Wassergehalt im Blut und Organismus, aber auch Temperaturregelungsmechanismen. Hoher Fettsäuregehalt des Blutes führt z. B. über das Sättigungszentrum des Gehirns zum Sättigungsgefühl und damit zur Einstellung der Nahrungsaufnahme. Daraus ergibt sich das Auswahlvermögen der Tiere für konzentratreiche, eiweißreiche oder auch gut strukturierte Nahrungsbestandteile.
Äußere Faktoren, wie Konsistenz, Form, äußere Struktur und Geschmack der Nahrung, ermöglichen die Vorauswahl. Bedingte Reflexe, Lernvermögen und Gewohnheiten verwandter Tiere beeinflussen ebenfalls die Nahrungswahl.
Die Regelung der Nahrungsaufnahme ist demnach sehr

kompliziert. Sie kann bei Wildtieren nur schwer vom Menschen, etwa durch Zugabe von Geschmacksstoffen, beeinflußt werden.

Aufbau und Hauptfunktionen des Verdauungskanals

Die Wildarten gehören den verschiedensten Tierklassen, -ordnungen, -gruppen und -gattungen an, die sich zum Teil im anatomischen Aufbau des Verdauungskanals und damit in der Ernährung erheblich unterscheiden. An dieser Stelle soll kurz der Aufbau des Verdauungskanals der wichtigsten Gruppen der Wildarten schematisiert dargestellt werden.
Die Größenverhältnisse, Länge und Volumen, entsprechen nicht den tatsächlichen Verhältnissen (Abb. 2).
Fleischfresser (Karnivoren) sind alle Raubwildarten und der Jagdhund. Ihr Gebiß ist an Fleischnahrung angepaßt. Es dient in erster Linie dem Packen und Zerreißen der Beute und als Waffe. Deshalb sind die Eckzähne im Ober- und Unterkiefer stark entwickelt. Der dritte oder vierte Backenzahn hat eine zum Zerschneiden der Nahrung ausgebildete Krone und wird „Reißzahn" genannt. Die Nahrung wird entweder ganz verschluckt oder nur gering zerschnitten und gequetscht. Der Magen ist ein einfacher, einhöhliger Drüsenmagen, der Enzyme und Salzsäure zum Verdauen der Nahrung ausscheidet. Im Dünndarm erfolgt die Eiweiß-, Fett- und Kohlenhydratverdauung durch verschiedene Enzyme. Dieser Darmabschnitt ist auch der Hauptort für die Aufnahme (Resorption) der Spaltprodukte der Nahrung in die Blutbahn. Aufbau und Aufgabe des Dünndarmes sind bei den anderen Wildarten ähnlich.
Im vorderen Teil des Dickdarmes werden die Verdauungsprozesse des Dünndarmes weitergeführt. Bakterien zersetzen das noch nicht verdaute Eiweiß. Durch das Aufsaugen weiterer Nährstoffe und des Wassers erfolgt die Eindickung und schließlich Ausscheidung des unverdaulichen Darminhaltes. Zellulose wird vom Raubwild nicht verdaut. Raub-

tiere haben im Verhältnis zur Körperlänge die kürzeste Darmlänge, da sie zum überwiegenden Teil von dem leicht verdaulichen Körpereiweiß ihrer Beutetiere leben. Sie sind reine Fleischfresser (Katze, Wiesel) bis Fleischfresser mit höherem Anteil leicht verdaulicher pflanzlicher Nahrung (Bär, Waschbär, Dachs).

Zu den **Allesfressern** (Omnivoren) gehört vom Haarwild nur das Schwarzwild. Die Backenzähne sind mit ihren breiten Kauflächen gut zum Zerquetschen und Kauen des Fraßes geeignet. Durch das in den Speicheldrüsen gebildete Enzym

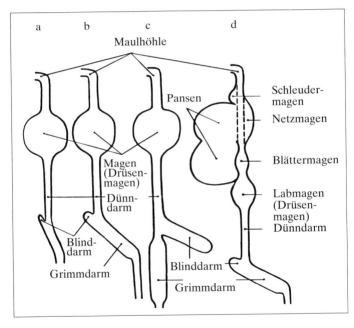

Abb. 2   Aufbau des Verdaungskanals der Säugetiere unter den Wildarten (schematisiert)
a – alle Raubwildarten (Fleisch- bis Allesfresser)
b – Schwarzwild (Allesfresser)
c – Hase, Wildkaninchen (Pflanzenfresser)
d – Rotwild, Damwild, Muffelwild, Rehwild (wiederkäuende Pflanzenfresser)

Amylase beginnt bereits der chemische Aufschluß der Stärke in der Maulhöhle. Die Nahrung, Getreidekörner, Eicheln u. a., wird deshalb intensiv gekaut. Der Magen ist einhöhlig, aber aus mehreren Drüsenabschnitten zusammengesetzt. Die Schleimhaut ist im vorderen Teil ohne Drüsen, damit die Einwirkung der Amylase auf die in Schichten abgelagerte Nahrung länger erfolgen kann. Die Drüsen des übrigen Teiles der Schleimhaut scheiden weitere Enzyme und Salzsäure aus, die die Verdauung fortsetzen. Im Dünndarm läuft der Hauptteil der Verdauung und die Resorption ab. Der Dickdarm des Schwarzwildes hat die gleiche Aufgabe wie bei den Fleischfressern. In dem zum Dickdarm gehörenden Blinddarm finden bakterielle Umsetzungen statt, bei dem auch Zellulose in geringem Umfang gespalten wird. Die Hauptnahrung besteht aus stärke-, fett- und eiweißreichen Pflanzenteilen sowie niederen und höheren Tieren.

Zu den **nichtwiederkäuenden Pflanzenfressern** gehören von den Wildarten der Hase, das Kaninchen, der Biber, der Sumpfbiber, das Murmeltier, der Bisam und das Eichhörnchen. Mit den im Ober- und Unterkiefer vorhandenen scharfen Nagezähnen schneiden sie pflanzliche Nahrung ab und zerkleinern sie intensiv in der Maulhöhle. Durch das mit dem Speichel ausgeschiedene Enzym Amylase beginnt die Zerlegung der Stärke. In dem zusammengesetzten einhöhligen Magen läuft die Vorverdauung sowie die Ausscheidung weiterer Enzyme und der Salzsäure wie beim Schwarzwild ab. Im Dünndarm werden leicht verdauliche Kohlenhydrate, Eiweiße und Fette aufgespalten und resorbiert. Im Dickdarm, besonders in den voluminösen Teilen Blind- und Grimmdarm, wird bei diesen Pflanzenfressern die Zellulose durch Enzyme verdaut, die von Bakterien abgegeben werden. Gleichzeitig werden durch die Bakterien Vitamin K und Vitamine des B-Komplexes aufgebaut. Die Vitamine werden in geringen Mengen vom Dickdarm resorbiert, besonders aber durch die Aufnahme eines Teiles der eigenen Losung (Koprophagie) dem Körper wieder zugeführt. Bei

den genannten Wildarten hat also der Dickdarm eine ähnliche Funktion wie bei den Wiederkäuern der Pansen. Die Hauptnahrung dieser Pflanzenfresser muß schon aufgrund des Aufbaus ihres Verdauungstraktes aus hochwertigen, möglichst gering verholzten Pflanzenteilen (junge Gräser und Getreidearten, Kräuter, Knospen, Früchte) bestehen.
Zu den **wiederkäuenden Pflanzenfressern** gehören die Schalenwildarten Elchwild, Rotwild, Damwild, Sikawild, Weißwedelwild, Rehwild, Muffelwild, Gamswild, Steinwild und der Wisent. Ihr Gebiß ist zum Abreißen und gründlichen Zerkauen der Nahrung eingerichtet. Schneidezähne sind nur im Unterkiefer vorhanden, der Eckzahn des Unterkiefers sitzt mit in der Reihe der Schneidezähne. Die Äsung wird durch diese Zahnreihe an den verhärteten Oberkiefer gepreßt und abgerissen. Die abgerissenen Bissen werden wenig gekaut, eingespeichelt und abgeschluckt. Die Wiederkäuer besitzen einen zusammengesetzten, mehrhöhligen Magen, das heißt, dem eigentlichen Drüsenmagen (Labmagen) sind vier drüsenlose Vormägen (Schleudermagen, Pansen, Netzmagen und Blättermagen) vorgelagert. Diese dienen in erster Linie der Aufspaltung der Zellulose durch Enzyme von Mikroorganismen, dem Eiweißumsatz sowie dem Eiweiß- und Vitaminaufbau durch die Körper der Mikroorganismen (Bakterien und Protozoen). Verschiedene Nahrungsspaltprodukte werden durch die Pansenzotten bereits resorbiert. Im folgenden Labmagen und im Dünndarm wird die Nahrung völlig verdaut und die Spaltprodukte resorbiert. Der verhältnismäßig kleine Dickdarm dient in erster Linie der Eindickung, Formung und dem Absetzen des Darminhaltes.
Vom **Federwild** soll hier nur das Schema eines Verdauungskanals beschrieben werden, das etwa dem der Ordnung der Hühnervögel, der Entenvögel und der Taubenarten entspricht (Abb. 3). Der Schnabel des Federwildes besitzt keine Zähne zum Zerkleinern des Futters. Größere Futterbrocken werden mit den Schnabelkanten grob zerkleinert, oder es werden lediglich verschluckbare Stücke abgehackt. Futtertiere können durch Aufschlagen und Quetschen getö-

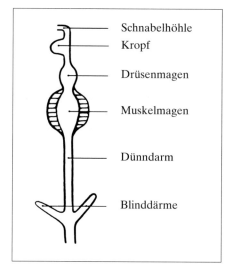

*Abb. 3
Aufbau des Verdauungskanals der Vögel unter den Wildarten (schematisiert) Fasanen, Rebhühner, Enten (Pflanzen- bis Allesfresser)*

tet bzw. verschluckbar gemacht werden. Die Speicheldrüsen sind nur sehr schwach entwickelt und produzieren keine Enzyme. Die Speiseröhre hat eine sackartige Erweiterung, den Kropf, in dem harte Futterstoffe gespeichert und eingeweicht werden. Der Magen ist mehrhöhlig. Er besteht aus einem Drüsenmagen und dem Muskelmagen. Das Futter wird zunächst im Drüsenmagen durch Enzyme und Salzsäure angedaut. Im Muskelmagen läuft die chemische Verdauung weiter, und das Futter wird gleichzeitig durch die Muskelkontraktionen und die instinktiv mit der Nahrung aufgenommenen Magensteinchen zerkleinert. Im Dünndarm wird der Nahrungsbrei durch Enzyme verdaut, und die Spaltprodukte werden resorbiert.

Der Dickdarm des Federwildes besitzt zwei Blinddärme, in denen bei den Hühner- und Entenvögeln durch Mikroorganismen der weitere Nahrungsaufschluß, die Aufnahme der Spaltprodukte und des Wassers erfolgen. Je nach Anpassung an Lebensraum und Nahrung der einzelnen Arten sind die Blinddärme unterschiedlich stark entwickelt. Bei den Trappen und Rauhfußhühnern sind sie als Anpassung an die vorwiegend rohfaserreiche pflanzliche Nahrung besonders groß. Ihre Länge erreicht fast die des übrigen Darmes. Nur der fein zermahlene und leichtverdauliche Teil des Darminhaltes wird durch komplizierte Darmbewegungen in die Blinddärme befördert. Die unverdaulichen Anteile werden vorbeigeführt und rasch ausgeschieden. Der Zelluloseaufschluß durch Bakterien zu Fettsäuren erfolgt ausschließlich in den Blinddärmen. Die Hühnervögel scheiden zwei verschiedene Arten Losung aus. Auf etwa 6 Masseteile Enddarmlosung entfällt 1 Teil Blinddarmlosung beim Birkwild. Vom Rohfaseranteil der Äsung hängt die Gesamtmenge der Losung ab. Die Rauhfußhühner sind durch diese Anpassung in der Lage, größere Mengen schwer verdaulicher Pflanzennahrung aufzunehmen, aufzuschließen und die unverdaulichen Anteile rasch auszuscheiden. Fasane und Rebhühner haben Blinddärme mittlerer Länge. Bei den Tauben sind sie dagegen zurückgebildet und haben keine wesentliche Bedeutung für die Verdauung.

Spezielle Verdauungsvorgänge bei den Wiederkäuern

Die Wildwiederkäuer Elchwild, Rotwild, Damwild, Muffelwild, Gamswild und Rehwild sind die jagdlich bedeutungsvollsten Wildarten in Europa. Dazu hat ihre starke Verbreitung, ihr hoher Anteil am Wildbret- und Trophäenaufkommen und der in der Forst- und Landwirtschaft teilweise bedeutende Schaden beigetragen. Die Schäden entstehen in erster Linie durch die Nahrungsaufnahme. In der Forstwirtschaft betreffen sie mit den Wirtschaftsbaumarten Fichte, Kiefer und Buche Pflanzen, die im Futterwert weit unter dem der landwirtschaftlichen Nutzpflanzen liegen. Eine Verminderung dieser Schäden ist deshalb nicht nur durch die Wildbestandsverminderung, sondern auch durch gezielte, auf wissenschaftlichen Grundlagen beruhende Äsungsverbesserung im weitesten Sinne möglich. Die eingehendere Darstellung der Verdauungsvorgänge bei dieser Tiergruppe ist deshalb von Bedeutung.

Nach dem Abreißen der Äsung mit den Zähnen bzw. der Aufnahme des Futters erfolgt die **mechanische Zerkleinerung durch das Kauen.** Die frisch aufgenommenen Bissen werden nur wenig gekaut. Die Dauer des Kauens hängt von der Struktur der Nahrung ab. Heu wird wesentlich länger gekaut als etwa Getreideschrot. Mit dem Kauen wird die Äsung eingeweicht. Die Speichelsekretion wird durch Reflexe ausgelöst. Die Menge des Speichels schwankt stark je nach Beschaffenheit, Wassergehalt und Umfang der Nahrung bzw. Art des Tieres. Die Speicheldrüsen des Konzentratselektierers Reh sind z. B. sechsmal größer als die des Rauhfutteräsers Muffelwild (HOFMANN 1982). Beim Rind werden je nach Art und Wassergehalt des Futters 100 bis 200 l, beim Schaf 6 bis 16 l, beim Rotwild 10 bis 50 l und beim Reh 2 bis 10 l Speichel je Tag abgegeben. Durch die Einspeichelung des Futters wird außerdem eine Regulierung des Säuregrades (pH-Wert) im Pansen erreicht, da der Speichel alkalisch wirkende Verbindungen (Na_2PO_4 und $NaHCO_3$) enthält. Der Speichel unterstützt darüber hinaus den Schluckvorgang und hilft bei der Freisetzung von Geschmacksstoffen. Die Aufrechterhaltung des Wasserhaushaltes und die ständige Deckung des Wasserbedarfes sind demnach für die Wildwiederkäuer außerordentlich wichtig. Ein Stück Rotwild benötigt bei Heufutter etwa 6 l Wasser je Tag (BONENGEL 1969). Durch das Abschlucken der Äsungsbissen wird der Pansen gefüllt, bis die Sättigung eintritt. Im Netzmagen und Pansen erfolgt die Vorvergärung der Futterstoffe. Nach 30 bis 70 min setzt die 1. Wiederkauperiode ein, die etwa 40 bis 45 min in Anspruch nimmt. Eine erneute, unterschiedlich lange Ruhepause folgt. Danach setzt die 2. Wiederkauphase ein. Die Anzahl der Wiederkauphasen und Ruhepausen ist je nach den Futterstoffen unterschiedlich. Bei Fütterung von Heu, das ist rohfaserreiches Futter, treten 6 bis 8 Wiederkauphasen auf. Je Wiederkaubissen werden nach eigenen Beobachtungen vom Rehwild 40 bis

50 Kaubewegungen aufgewendet. Für den normalen Ablauf des Wiederkauvorganges benötigen alle Wiederkäuer zwangsläufig längere, ungestörte Ruhepausen. Neben einer vielseitigen, wasserreichen Äsung bzw. Fütterung ist deshalb Ruhe in den Einständen unabdingbare Voraussetzung für das Wohlbefinden der Tiere. Die 4 Vormägen sind mit einer Schleimhaut ausgekleidet, die mehr oder weniger dicht mit unterschiedlich gestalteten Zotten besetzt ist.

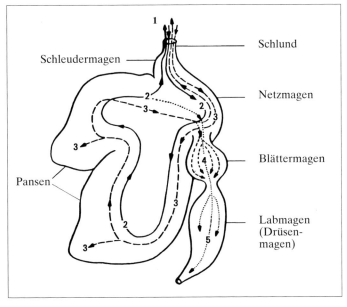

Abb. 4 Verdauungsvorgänge im Wiederkäuermagen (schematisiert)
1 – Auf- und Abtransport nach Einspeicheln, Kauen und Wiederkauen
2 – Vorgärung, Entmischung in grobes und verdauliches Material
3 – Durchmischung, Vergärung durch Mikroorganismen, Eiweiß- und Vitaminbildung, Nährstoffaufnahme durch Pansenzotten
4 – Wasser- und Mineralstoffaufnahme
5 – Abtöten der Mikroorganismen, Verdauung des Eiweißes durch Enzyme

Diese vergrößern die Vormagenschleimhaut und dienen zum Aufsaugen der bereits hier ausreichend aufgespaltenen Nahrungsbestandteile.

Schleudermagen, Netzmagen und Pansensäcke haben eigene Bewegungsformen, die der Mischung und Entmischung des Inhaltes dienen. Grobe Futterteile schwimmen auf dem Nahrungsbrei, feine Teile werden aussortiert und in den Blättermagen weitertransportiert. Die groben Futterteile werden durch Gärungsvorgänge und das Wiederkauen immer weiter zerkleinert. Der Blättermagen dient dem Weitertransport und der Resorption von Flüssigkeiten und Mineralstoffen. Im Labmagen erfolgt dann die Einsäuerung, die Abtötung der Mikroorganismen, die weitere Aufspaltung von Futterstoffen und der Transport in den Dünndarm (Abb. 4).

Diese umfangreichen Transport-, Misch- und Trennvorgänge sind ebenso wie der Wiederkauvorgang nur bei genügendem Wassergehalt, genügender Futtermenge, ausreichendem Anteil grob strukturierter Äsungsbestandteile und nach genügendem Zerkleinerungsgrad möglich. Neben und nach der mechanischen Zerkleinerung ist die **Verdauung der Pflanzennahrung durch Enzyme von Mikroben** (Bakterien und Protozoen) in den Vormägen der Wiederkäuer für diese lebensnotwendig. Die Zellulose und die Hemizellulosen werden nur durch die Enzyme der Mikroben gespalten. Die Gesamtzahl und die Zusammensetzung der Bakterien und Protozoen schwankt in Abhängigkeit von der Fütterung. Bei guter Grünäsung oder stärkereicher Fütterung ist die Anzahl der Bakterien hoch. Sie nimmt mit zunehmendem Rauhfutteranteil ab. Eine eiweißreiche Futterzusammensetzung erhöht die Zahl der Protozoen.

Hungerzustände bei den Tieren, Zufütterung von schlechtem Futter, ein hoher Anteil pelletierten Futters oder erhöhter Konzentratanteil vernichten die Protozoen. Kurzfristige Futteränderungen beeinflussen also die Zusammensetzung der Mikroorganismen negativ. Durch die genannten Mikroben werden die verschiedenen Kohlenhy-

drate zu niederen Fettsäuren (Essigsäure, Propionsäure, Buttersäure, Valeriansäure u. a.) abgebaut. Zellulose wird besonders zu Essigsäure gespalten, die direkt und gut vom Tier verwertet werden kann. Ein zu hoher Anteil an leicht löslichen Kohlenhydraten (Stärke, Zucker u. a.) führt im Zusammenhang mit der geringen Wiederkautätigkeit und damit der niedrigen Speichelabsonderung zu vermehrter Bildung von Milch- und Propionsäure. Diese können zu einer akuten oder chronischen Übersäuerung des Pansens (Pansenazidose) bis zum Tod des Wiederkäuers führen.
Die niederen Fettsäuren werden bereits im Pansen durch die Zotten aufgenommen und sind für den Energiehaushalt und die Milchfettbildung von Bedeutung.
Neben der Kohlenhydratspaltung werden durch die Mikroorganismen die Futtereiweiße abgebaut und aus den Spaltprodukten sowie freiem Ammoniak (NH_3) ihre eigenen Körper aufgebaut. Dadurch entsteht biologisch hochwertiges tierisches Eiweiß, das dann nach der Abtötung der Mikroorganismen im Labmagen und Dünndarm vom Wiederkäuer aufgenommen wird. Durch Bakterien und Protozoen werden außerdem Vitamin B und K im Pansen aufgebaut.
Aus diesen komplizierten physiologischen Verdauungsvorgängen bei den Wiederkäuern lassen sich weitere Grundforderungen für die Fütterung ableiten:
Die Tiere sind an grobstrukturierte Pflanzennahrung angepaßt, die noch nicht stark verholzt sein soll. Sie muß einen möglichst hohen Gehalt an Roheiweiß haben. Die Zusammensetzung der Mikroorganismen im Pansen variiert stark mit der Futterzusammensetzung. Die Mikroben passen sich an neue Futterarten an. Dazu wird aber längere Zeit benötigt, in der Verdauungsdepressionen auftreten. Deshalb sind vielseitig zusammengesetzte und möglichst gleichbleibende Rationen zweckmäßig. Umstellungen auf andere Futtersorten dürfen nur langsam über einen längeren Zeitraum vorgenommen werden.
Wissenschaftliche Untersuchungen der Mikroorganismenzusammensetzung in den Pansen haben teilweise erhebliche

Unterschiede zwischen den Tierarten nachgewiesen. Muffelwild, Rotwild und Damwild haben wie Schaf und Rind eine hohe Anzahl an zelluloseverdauenden Bakterien und auch eine größere Anzahl an Protozoen. Beim Rehwild wurden weniger zelluloseverdauende Bakterien und nur eine Protozoenart nachgewiesen. Die zuerst genannten Wiederkäuer können deshalb besser zellulosereiche Futterstoffe verdauen und sich auch besser durch Umstellung der Mikrobenarten an Futtersorten mit unterschiedlichen Rohfasergehalten anpassen. Rehwild ist auf stärkereiche, leichtverdauliche Äsung angewiesen.

Auch nach dem anatomischen Aufbau des Verdauungstraktes lassen sich diese Unterschiede nachweisen (HOFMANN 1982). Muffelwild, Rotwild, Damwild, Schaf und Rind besitzen einen verhältnismäßig großen Pansen mit wenig Pansenzotten und viel Pansenleisten. Dadurch kann grob strukturiertes Futter längere Zeit vergoren und besser durchmischt werden. Rehwild hat dagegen einen verhältnismäßig kleinen Pansen mit vielen Pansenzotten und weniger stark ausgebildeten Pansenleisten. Es ist damit an eine größere Nährstoffaufnahme aus leicht verdaulicher Nahrung angepaßt. Die großen Speicheldrüsen produzieren den notwendigen Speichel zur Abpufferung der in großer Menge entstehenden niederen Fettsäuren.

Auf diese Erkenntnisse aufbauend, wurde die Unterteilung der wildlebenden Wiederkäuer in verschiedene Äsungstypen erkannt. Ausgesprochenen Rauhfutteräsern (Muffelwild) und Zwischentypen (Rotwild, Damwild, Gamswild) stehen selektierende Konzentratfutteräser (Rehwild) gegenüber (HOFMANN 1982). Rauhfutteräser und Zwischentypen leben vorwiegend von Gräsern, Kräutern und Gehölzteilen. Sie können sich auch gut auf die rohfaserreichere, schwer verdauliche Winteräsung umstellen. Die Konzentratfutteräser, bei uns das Rehwild, wählen leichtverdauliche, energiereiche Pflanzen und Pflanzenteile aus. Sie können sich nur in geringem Grade an rohfaserreichere Äsung anpassen.

Der Wechsel von Aufnahme und Wiederkauen der Äsung bedingt einen **rhythmischen Verlauf von Aktivitäts- und Ruhephasen im Ablauf des Tages.** Das relativ geringe Fassungsvermögen des Pansens und die rasche Vergärung der leicht verdaulichen Äsung beim Rehwild erfordern eine häufigere Folge der Nahrungsaufnahme und der Wiederkauphasen. Während des Sommers mit einem hohen Angebot an leicht verdaulichen Futterstoffen konnten beim Rehwild etwa 2 Stunden lange Aktivitätsphasen festgestellt werden, die von etwas kürzeren Ruhephasen unterbrochen wurden.
Der ständige Wechsel verläuft fast gleichmäßig über alle 24 Stunden des Tages, d. h., das Rehwild nimmt im gleichen Rhythmus auch während der Nachtstunden Äsung auf. Insgesamt ergeben sich 8 bis 10 Aktivitätsphasen.
Lediglich in den Dämmerungszeiten um Sonnenauf- und Sonnenuntergang sind die Äsungsperioden verlängert. Für den Winter konnte ein ähnlicher Rhythmus festgestellt werden, der sich nur durch eine geringere Zahl (5 bis 7) zeitlich längerer Aktivitätsphasen auszeichnet. Dadurch können die schwerer verdauliche Äsung und die meist weiteren Entfernungen zu den Äsungsplätzen besser genutzt werden (Abb. 5). Die Tiere sind in der Lage, sich an jahreszeitlich oder anders bedingte Veränderungen ihres Lebensraumes anzupassen (VON BERG 1978).
Bei den anderen Wildwiederkäuerarten wurde ein ähnlicher Tagesrhythmus der Nahrungsaufnahme und der Wiederkaupausen ermittelt. Beim Damwild ergaben sich während des Sommers im Durchschnitt etwa 5 bis 6 Äsungs- und Wiederkauperioden, die sich in den Wintermonaten auf 2 verminderten. Nur jüngere Hirsche hatten im Sommer bis zu 10 Äsungsperioden am Tag. Entsprechend der Lichtaktivität dieser Wildart liegt die Hauptäsungsperiode morgens in den 2 bis 3 Stunden nach Sonnenaufgang. Im Durchschnitt dauert eine Äsungsperiode etwa 1 bis 2 Stunden.
Für das Muffelwild konnten während des Sommers nur etwa 4 Äsungsperioden innerhalb von 24 Stunden festgestellt werden. Die Hauptäsungsperiode lag bei dieser ebenfalls

lichtaktiven Wildart zwischen 13 und 20 Uhr. Im Winter betrug die Anzahl der Äsungsperioden 3 bis 4. Die Hauptäsungszeiten lagen hier zwischen 7 und 11 sowie 12 und 18 Uhr. Durch das relativ höhere Pansenvolumen kann der Rauhfutteräser Muffelwild in einer Äsungsperiode größere Mengen Äsung aufnehmen, zu deren Verdauung auch längere Wiederkauphasen (4 bis 8 Stunden) als beim Konzentratäser Rehwild notwendig sind.

Neben dem geschilderten Tagesrhythmus der Äsungsaufnahme wurde, zuerst beim Rehwild, auch ein ausgesprochener **Jahresrhythmus für den täglichen Energiebedarf und damit die Nahrungsaufnahme** ermittelt.

Im Oktober bis Dezember besteht ein erhöhter Nahrungsbedarf, der bei Vorhandensein von ausreichender Äsung,

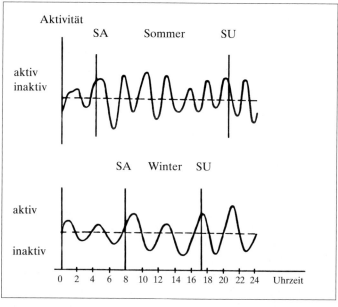

Abb. 5   Rhythmus der Aktivitäts- und Ruhephasen im Sommer und Winter bei Rehwild (nach VON BERG 1978)
SA – Sonnenaufgang, SU – Sonnenuntergang

z. B. Baummast, zur Anlage von Feistreserven führt. Diese Energie-Depots werden unter den Innenhäuten an Nieren, Netz- und Darmgekröse sowie im Zwischenmuskel- und Unterhautfettgewebe angelegt. In den folgenden Monaten Dezember bis Februar geht der Futterbedarf und damit die Äsungsaufnahme zurück. Die Tiere schränken ihre Aktivität ein und decken den Energiebedarf zu einem erheblichen Teil aus den Feistreserven, die dadurch abgebaut werden.
Im Nachwinter und Frühjahr steigt der Energie- und damit Nahrungsbedarf rasch wieder an. Die Tiere versuchen, zumindest einen Teil der Feistreserven wieder aufzufüllen. Mit dem Schieben und Fegen der Gehörne, dem Beginn der Einstands- und Rangordnungskämpfe, dem Wachsen der Embryonen und dem Säugen der Kitze entsteht in dieser Zeit zusätzlich ein wesentlich höherer Energie- und Nährstoffbedarf, der durch längere Äsungszeiten und größere Äsungsmengen gedeckt wird. Die erhöhte Nahrungsaufnahme und die nach dem Abschluß der Einstandskämpfe einsetzende Ruhe führen zumindest bei den Böcken und nichtführenden weiblichen Tieren bis zum Juni zur erneuten Feistanlage.
Während der Brunft, im Juli und August, ist die Aktivität stark erhöht und die Äsungsaufnahme herabgesetzt. Die Feistreserven werden wieder abgebaut. Im Herbst setzt erneut durch verstärkte Äsung energiereicher Nahrungsbestandteile die Herbstfeiste ein. Diese periodische Feistbildung ist nicht fest an die genannten Zeitabschnitte oder einzelnen Monate gebunden. Rehe, die im Herbst keine ausreichenden Feistreserven anlegen konnten, holen das nach Möglichkeit durch erhöhte Futter- und Nährstoffaufnahmen im Dezember bis Januar nach.
Auch bei den anderen Wildwiederkäuern besteht diese Periodik der Stoffwechsellage. Das Damwild kann z. B. ebenfalls hohe Feistreserven bilden. Bei dieser Wildart wurde erst in neuerer Zeit bei der Haltung in Gattern der gleiche Jahresrhythmus zwischen erhöhtem Nahrungsbe-

darf mit Bildung von Energiereserven vor klimatisch (Winter) und biologisch (Brunft) bedingten Mangelsituationen nachgewiesen (s. Tab. 2).

Tabelle 2 Durchschnittliche Futter- und Nettoenergieaufnahme bei Damwild je Tier (50 kg KM) und Tag (nach HÜNSCHE 1987)

Monat	TS kg	vRP g	NEFr EFr	PEQ
Januar	0,611	52	370	140
Februar	0,482	40	293	136
März	0,956	84	569	147
April	0,842	68	516	132
Mai	1,281	178	635	280
Juni	1,586	194	793	244
Juli	1,662	176	893	197
August	0,945	144	513	281
September	1,028	82	555	148
Oktober	0,131	17	80	212
November	1,343	130	801	162
Dezember	1,270	124	751	165

(1 EFr = 2,5 kcal bzw. 10,47 kJ NEFr ≈ 1 StE)

Natürliche Nahrung und Nahrungsbedarf der Wildarten

Die freilebenden Tiere haben sich während ihrer Entwicklung in Millionen von Jahren dem Nahrungsangebot der natürlichen Umwelt angepaßt. Eine zweckmäßige und rationelle Fütterung muß deshalb nicht nur auf Futtermittel orientiert sein, die der Nahrung entsprechen, sondern sollte die natürlichen Futtervorkommen weitgehend berücksichtigen und nutzen. Gute Kenntnisse der Nahrung unserer Wildtiere sind deshalb unumgänglich.

Raubwild

Die Raubwildarten sind mit ihrem Gebiß und Verdauungstrakt an überwiegende Fleischnahrung angepaßt (s. Abschnitt „Aufbau und Hauptfunktionen des Verdauungskanals" und Abb. 2).
Beim **Fuchs** schwankt die Nahrungszusammensetzung je nach Angebot stark von Gebiet zu Gebiet und im Ablauf des Jahres. Im mitteleuropäischen Raum dominieren Kleinsäuger, also Mäuse, mit 40 bis 60 %. Es folgen je nach der Dichte des Vorkommens Niederwildarten (Kaninchen, Hasen, Fasane, Rehkitze), Vögel, Insekten und ein schwankender Anteil an pflanzlichen Stoffen. Die pflanzliche Nahrung kann im Durchschnitt des Jahres 20 % erreichen. Die Beutetiere werden meist vollständig, also mit dem Magen-Darm-Trakt, dem Fell und den Knochen, aufgenommen. Als pflanzliche Nahrung werden vorwiegend Früchte gefressen. Aus den Pflanzenteilen werden Eiweiße, Fette und die leicht löslichen Kohlenhydrate verdaut. Zellulose, Hemizellulose, Lignin u. a. sind für die Fleischfresser unverdaulich und werden als Ballaststoffe unverändert ausgeschieden. Wichtige Inhaltsstoffe der Magen-Darm-Trakte der Beutetiere und der pflanzlichen Nahrung sind Mineralstoffe, Vitamine und

sonstige Wirkstoffe. Durch diese vielseitige Nahrungszusammensetzung kann der Fuchs seinen Bedarf optimal decken. Die von einem Fuchs gefressene Gesamtnahrungsmenge schwankt stark. Die Tiere sind in der Lage, nach Aufnahme einer größeren Menge auch einige Zeit ohne Nahrung auszukommen. 0,5 bis maximal 2 kg je Tag wurden ermittelt. Der Erhaltungsbedarf für ein erwachsenes Tier dürfte bei 0,5 kg Nahrung je Tag liegen. Bei Leistungsanforderungen (Haarwechsel, Ranz, Trächtigkeit, Säugen) ist mit einem wesentlich höheren Bedarf, der das 2- bis 3fache erreicht, zu rechnen. Als durchschnittlicher Tagesbedarf wurden 0,85 kg Frischsubstanz errechnet.

Eine ähnliche Nahrungszusammensetzung hat der bei uns selten vorkommende **Marderhund**. Fische, Lurche, Kriechtiere, Wasservögel und Weichtiere haben einen etwas höheren Anteil an der tierischen Nahrung als beim Fuchs. In seiner Heimat Ostasien und Rußland überwiegt die pflanzliche Nahrung mit bis zu 80 %.

Abb. 6   Der Fuchs, häufigster Fleischfresser unserer Heimat (Foto: WOTHE/Save-Bild)

Dasselbe trifft für den **Waschbär** zu. Bei diesem ist auch der Anteil an pflanzlicher Nahrung (Obst, Beeren, Maiskolben, Eicheln, Bucheckern, Blätter) besonders im Herbst mit durchschnittlich 50 und mehr Prozent höher als beim Fuchs. Über die aufgenommene Nahrungsmenge dieser beiden nicht einheimischen Raubwildarten in freier Wildbahn ist nichts bekannt. Durch die ähnlichen Körpermassen dürften sich ähnliche Werte wie beim Fuchs ergeben.

Beim **Dachs** ist die Zusammensetzung der Arten in der Nahrung ebenfalls ähnlich wie beim Fuchs. Die Schwerpunkte bei den Artenanteilen liegen aber völlig anders. Regenwürmer, Schnecken, Insekten und pflanzliche Stoffe (Obst, Weinbeeren, Wildfrüchte, Maiskolben, Eicheln, Haferkörner in der Milchreife) haben die größte Bedeutung. Dann folgen Kleinsäuger wie Mäuse und Insektenfresser. Gelege und Jungtiere der bodenbrütenden Vögel sowie junge Kaninchen oder Hasen sind gelegentliche Beute.

Der Nahrungsbedarf für die Erhaltung ist aufgrund des

Abb. 7   Der Iltis lebt von Kleinsäugern, Vögeln und Reptilien (Foto: CRAMM/Save-Bild)

höheren Körpergewichtes mit etwa 1 kg anzusetzen. Im Herbst ist zur Bildung des notwendigen Depotfettes mit etwa 2 kg Frischsubstanz je Tier und Tag zu rechnen. Bei den beiden echten Mardern, dem **Baum- und dem Steinmarder**, verschiebt sich der Hauptanteil der Beutetiere stark zu den Kleinsäugern (Mäuse, Ratten) und Vögeln. Auch Rauhfußhühner gehören zu den Beutetieren. Niederwild, z. B. Kaninchen, Fasanen, Junghasen, Rehkitze, und Vogelgelege bzw. Jungvögel werden je nach Vorhandensein genommen. Im Herbst kann der Volumenanteil pflanzlicher Nahrung bis zu 50 % betragen. Es sind vorwiegend Obst, Früchte der Eberesche, des Weißdorns u. a. Da nur der Zucker verdaut wird, ist der Anteil an daraus gewonnener Energie sicherlich gering. Als Vitaminlieferant haben die Früchte eine hohe Bedeutung.

Der gesamte Nahrungsbedarf der Marder wird mit 0,1 bis 0,2 kg je Tag angegeben.

Der **Iltis** lebt zu einem noch höheren Anteil von Kleinsäugern, wie Hamster, Ratten, Mäuse und Insektenfresser (40 bis 60 %). Dazu kommen bodenbrütende Vögel, Reptilien, Lurche, Fische und Insekten. Der Anteil des jagdbaren Wildes, z. B. der Kaninchen, ist gering.

Beim **Amerikanischen Nerz**, dem Mink, enthielten die Mägen 40 bis 60 % Wühlmäuse und Bisamratten, 20 bis 50 % Fische, bis 20 % Krebse und bis 20 % Insekten. Auch Kaninchen, Maulwürfe und Frösche wurden gefunden. Die Nahrungsanteile schwanken saisonbedingt und je nach den vorkommenden Tierarten ziemlich stark. Für Mitteleuropa liegen noch keine größeren Untersuchungsreihen vor.

Mit abnehmender Körpergröße der Raubwildarten nimmt der Anteil der Kleinsäuger an der Nahrung weiter zu.

Das **Hermelin** greift nur gelegentlich Kaninchen. Hauptanteile der Nahrung sind Kleinnager, vor allem Wühlmäuse (50 bis 95 %). Dann folgen Vögel (2 bis 20 %) und Reptilien, Lurche, Fische sowie Insekten mit meist weniger als 1 %. Pflanzliche Nahrung wird nicht gefressen. Nur in Jahren mit sehr geringem Mäusebesatz wurden Beeren nachgewiesen.

Die lebensnotwendigen Stoffe aus Pflanzen werden aus dem Inhalt des Magen-Darm-Traktes der Beutetiere aufgenommen. Der tägliche Nahrungsbedarf ist sehr hoch. Er soll 25 bis 40 % des Körpergewichtes, also 50 bis 80 g, betragen. Alle Raubwildarten ernähren sich demnach vielseitig von den verschiedenen Kleintieren. Leicht verdauliche pflanzliche Nahrung, selbst wenn sie nur aus dem Magen-Darm-Trakt der Beutetiere stammt, ist auch für die Fleischfresser lebensnotwendig.

Schwarzwild

Das Schwarzwild ist nach Gebißform und Aufbau des Magen-Darm-Traktes ein typischer Allesfresser. Den Hauptanteil seines Fraßes stellen die Früchte von Laubbäumen (Mast), besonders Stieleicheln, Traubeneicheln und Bucheckern. Roteicheln werden nicht so gern genommen; Roßkastanien lehnen fast alle Tiere ab. In Mastjahren besteht im Flachland nach den Untersuchungen von BRIEDERMANN (1986) die aufgenommene Fraßmenge im Jahresdurchschnitt zu etwa 50 % aus den genannten Baumfrüchten. In den Monaten Oktober bis März ernähren sich die Tiere sogar zu etwa 80 % davon.

Der nächstwichtige Nahrungsbestandteil ist die Kartoffel. Ihr mengenmäßiger Anteil schwankt im Ablauf des Jahres stark. Die erhöhte Aufnahme beginnt im September. Mit dem Abfall der Baumfrüchte geht der Kartoffelverzehr zurück, um im März wieder stark anzusteigen. Zu diesem Zeitpunkt sind Eicheln und Bucheckern weitgehend aufgebraucht. Bis in den Juni beträgt der Kartoffelanteil 20 bis 30 % der Nahrungsmenge. In Jahren ohne Baummast liegt der Kartoffelanteil während des Winterhalbjahres bei 50 bis 60 %. Danach geht er bis Juli auf etwa 30 % zurück.

Ein ebenfalls wichtiger Nahrungsbestandteil sind Getreidekörner. In den Monaten Juli, August, September und Oktober kann der Anteil 60 bis 80 % betragen. In Mastjahren wird das Getreide im September und Oktober zuneh-

Abb. 8   Bucheckern und Eicheln sind ein Hauptanteil in der Nahrung des Schwarzwildes (Foto: REINHARD)

mend durch die Baumfrüchte ersetzt. Die Getreidearten können ebenfalls untereinander ausgetauscht werden. Bei den Untersuchungen von BRIEDERMANN wurde Roggen im Jahresdurchschnitt mit 4 bis 10 %, Hafer mit 6 bis 7 %, Mais mit 4 bzw. 6 % und Weizen mit etwa 2 % ermittelt. Auch Hülsenfrüchte werden mit 1 bis 5 % im Jahresdurchschnitt aufgenommen. Je nach angebauter Art kann der Anteil örtlich schwanken.

Weitere wichtige Nahrungsbestandteile sind grüne Pflanzenteile. Ihr Anteil beträgt in Mastjahren etwa 5, in Fehlmastjahren 10 %. Grüne Pflanzenteile werden besonders im Mai aufgenommen, wo sie 20 bis 40 % ausmachen. Es sind zum größten Teil Süßgräser, Wiesen-Bärenklau, Weidenröschen und Klee.

Unterirdische Pflanzenteile, Wurzeln, Stolonen, Rhizome, sind winterliche Notnahrung.

Abb. 9 Schwarzwild bevorzugt im Frühjahr grüne Pflanzenteile, Wurzeln und Regenwürmer (Foto: REINHARD)

*Abb. 10
Leicht verdauliche,
wasserreiche
Grünpflanzen sind
die Hauptnahrung
des Feldhasen
(Foto: REIDER/
Save-Bild)*

BRIEDERMANN fand in Mastjahren im Durchschnitt 2 %, in Fehlmastjahren 7 % in den Mägen.
Das Schwarzwild nimmt auch tierische Nahrung auf. Im Jahresdurchschnitt beträgt ihr Anteil 4 bis 5 %. 1 % davon sind Haarwildreste (Fallwild, Junghasen), 0,3 % Mäuse und etwa 1,3 % Insekten. Jungvögel, Reptilien, Lurche, Regenwürmer, Schnecken u. a. sind ebenfalls, aber in geringeren Mengen, vertreten. Eine große Bedeutung haben darunter die Regenwürmer, die im Frühjahr und Sommer teilweise in höheren Stückzahlen (200 St.) in einzelnen Mägen gefunden wurden.
Über den Nahrungsbedarf liegen bisher keine größeren Untersuchungen vor. Nach B. wird durch Frischlinge im Sommer etwa 2 kg, im Herbst und Winter etwa 3 kg Nahrung je Tag aufgenommen. Älteres Schwarzwild verzehrt je Tag annähernd 4 kg Fraß. Nimmt man für die Wildschweinnahrung (Eicheln, Getreidekörner und Kartoffeln) 40 % Trockensubstanz an, dann ergeben sich für einen Frischling 0,8 bis 1,2 kg und für ein älteres Stück Schwarzwild 1,6 kg Futtertrockensubstanz (TS) als Bedarf je Tag.

Hase und Kaninchen

Die Niederwildarten Hase und Kaninchen sind reine Pflanzenfresser. Untersuchungen über die natürliche Nahrung des Hasen liegen aus den vergangenen Jahrzehnten in größerem Maße vor. Die Äsungsplätze der Feldhasen sind verhältnismäßig großräumig. Darauf wählt er leicht verdauliche Pflanzen oder Pflanzenteile aus. Sein Äsen wird deshalb oft im vermenschlichten Sinn als „naschhaft" bezeichnet. Die gleiche Art der Nahrungswahl trifft für das Kaninchen zu. Da dieses seine Äsung aber vorwiegend in nächster Nähe der Baue bzw. der Deckung sucht, sind Schäden auf kleinem Raum konzentriert und fallen hier örtlich stärker auf als beim Hasen. Den Wasserbedarf decken Hasen und Kaninchen in erster Linie aus der Pflanzennahrung. In Gefangenschaft gehaltene Tiere nehmen Wasser aus

Trinkschalen auf. Da die natürliche Nahrung auch während des Winterhalbjahres zu 85 bis 90 % aus frischer, leicht verdaulicher Grünäsung mit einem Wassergehalt von 80 bis 90 % besteht, sind die Ansprüche an den Wassergehalt der Nahrung des Hasen als sehr hoch einzuschätzen. Werte zum Wasserbedarf eines Tieres je Tag sind noch nicht ermittelt. Durch Analysen der Mageninhalte von **Hasen** konnten insgesamt 77 verschiedene Pflanzenarten in der Äsung festgestellt werden. Die Anteile der Arten schwanken stark je nach Lebensraum der Tiere. Süßgräser, Kräuter und gras- bzw. krautartige Kulturpflanzen (Roggen, Gerste, Weizen, Raps) überwiegen. Nach Untersuchungen von ZÖRNER (1981) bestand die Nahrung des Feldhasen aus 90,1 % grünen Pflanzen, 3,7 % trockenen Gräsern und Kräutern, 2,2 % Rüben und Kartoffeln, 1,8 % Holzteilen und Knospen, 1,7 % Getreide- und Maiskörnern und 0,5 % Eicheln. Die Untersuchungen wurden in einem Gebiet durchgeführt, in dem Rüben und Kartoffeln, aber auch Laubholztriebe und Eicheln in ausreichender Menge zur Verfügung standen. Trotzdem waren Holzteile und Knospen nur in den Wintermonaten Dezember bis März, im Januar mit maximal 7,1 Volumen-%, an der Äsung beteiligt. In diesen Monaten fällt es den Hasen schwer, stets ausreichend Grünäsung zu finden. Eicheln wurden im Oktober und dann von Februar bis Mai in Mengen von kaum mehr als 1 % genommen. In diesen Monaten haben sie die höchsten Wassergehalte und sind im Stadium des Keimens. Getreidekörner fanden sich vorwiegend im August, Juli und September in den Mägen der Hasen. Trockene Gräser und Kräuter wurden nur in den Wintermonaten Februar, März und April in Mengen bis zu maximal 21 % aufgenommen. Die Untersuchungsbefunde zeigen, daß bei der Fütterung des Hasen in freier Wildbahn oder im Gatter bzw. Käfig den gut verdaulichen, wasserreichen Grünpflanzen der Wiesen und Felder eine hohe Bedeutung zukommt.

Der Tagesbedarf an Futter ist noch nicht voll geklärt. Von verschiedenen Autoren werden 1,0 bis 1,5 kg Grünäsung je

Tag angegeben, was einem Trockensubstanzbedarf von etwa 0,2 kg je Tag und Tier entspricht.
Die natürliche Äsung des **Wildkaninchens** ist ähnlich zusammengesetzt wie die des Hasen. Grünpflanzen der Wiesen und Felder, Wintersaaten, Raps, Klee, Lupine, Erbsen, Bohnen, Süßgräser, Rüben, Kartoffeln u. a. überwiegen. Im Winter werden auch die Knospen und Rinden der Laubbäume, Obstbäume, Weinreben, Zierpflanzen usw. angenommen. Der Nahrungsbedarf ausgewachsener Tiere dürfte bei 0,25 bis 0,5 kg Frischsubstanz liegen, was 0,05 bis 0,1 kg Trockensubstanz entspricht.

Rehwild

Das Rehwild ist über ein großes Areal von Westeuropa bis Ostasien verbreitet. Zahlreiche Untersuchungen über die Äsungspflanzen liegen vor.
Die Anzahl der insgesamt als Äsungspflanzen dienenden Arten ist sehr hoch, schwankt aber von Gebiet zu Gebiet. In einem Buchenrevier konnte nachgewiesen werden, daß von 160 vorkommenden Pflanzenarten 100 dem Rehwild als Äsungspflanzen dienen. In Polen wurden insgesamt 178 verschiedene Pflanzenarten in der Nahrung des Rehwildes bestimmt, in der CSFR ergaben sich sogar 252 Arten. Für das riesige Gebiet Rußlands konnten insgesamt ebenfalls 250 Pflanzen als Rehäsung nachgewiesen werden. Allerdings schwankte die Anzahl in den einzelnen Gebieten zwischen 60 und 145 Arten (STUBBE und PASSARGE 1979). Von der Vielzahl der Pflanzen hat aber nur ein Teil wesentliche Bedeutung für die Ernährung des Rehes. Von den Baum- und Straucharten sind es in erster Linie Aspe, Weidenarten, Eichenarten, Esche, Ahornarten, Buche, Hainbuche, Eberesche, Linde, Robinie, Birke, Haselnuß, Himbeere, Brombeere, Rosenarten, Heidelbeere, Liguster, Faulbaum und Heidekraut. Die Koniferenarten Weißtanne, Kiefer, Murraykiefer, Fichte und Lärche werden immer als „selten genommen" eingestuft. Sie sind vor allem im Winter zu finden.

Abb. 11 Krautartige Pflanzen werden vom Konzentrat selektierer Rehwild ausgewählt (Foto: SIEGEL)

Abb. 12 Beeren, Obst, Baumfrüchte gehören auch zur bevorzugten Äsung (Foto: DANEGGER/Silvestris)

Ihr Anteil ist gering. Von den krautartigen Pflanzen ist eine Vielzahl bei den Rehen beliebt. Blüten und Blätter werden geäst. Je nach Vorkommen und Jahreszeit werden die Wild- und Kulturformen der Leguminosen bevorzugt. Auch Wildfrüchte, Obst und Baumfrüchte (Eicheln, Kastanien, Bucheckern) gehören zur beliebten Äsung. Gräser und Getreidearten dienen ebenfalls als Nahrung. Von ihnen werden nur junge Blätter und Körnerfrüchte, also rohfaserarme Pflanzenteile, genommen. Die Bedeutung der Äsungspflanzengruppen im Ablauf des Jahres wird eindeutig vom hohen Gehalt an verdaulichem Eiweiß und verdaulicher Energie sowie vom geringen Verholzungsgrad, also niedrigem Gehalt an Rohfaser, bestimmt (Abb. 13).

In den Wintermonaten zu Beginn des Jahres sind die Triebe der Laubbäume und Sträucher sowie Teile der über dem Schnee herausreichenden Kräuter der Hauptbestandteil der Äsung. Mit dem Austrieb der Gräser, Kräuter und Leguminosen im April nimmt deren Anteil an der Äsung zu. Die frisch austreibenden Blätter der Laubbäume und Sträucher

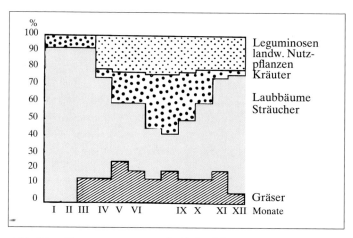

Abb. 13   Zusammensetzung der Rehwildäsung im Jahresablauf (nach ESSER 1958)

drängen im Juni und Juli besonders die Gräser zurück. Der Anteil der Kräuter steigt während der Sommermonate. In den letzten Monaten des Jahres überwiegen bei Fehlen der Baumfrüchte wieder die Knospen und Triebe der Bäume. Die Blättchen der Leguminosen und einiger Gräser ergeben immer noch einen für die Jahreszeit beachtlichen Anteil.

Die Äsung des Rehwildes richtet sich also nach dem Nahrungsangebot. Sie ist so vielfältig wie möglich aus den besonders eiweiß- und energiereichen sowie ligninarmen Pflanzen und Pflanzenteilen zusammengesetzt. Es überwiegen deshalb Blätter, Knospen, Blüten und Früchte von Kräutern, Laubbäumen und Sträuchern. Gräser werden nur zu einem geringen Teil im jungen Zustand genutzt. Im Winter sind Triebe der Laub- und Nadelbäume Notnahrung.

Für 1 Stück Rehwild mit einer durchschnittlichen Körpermasse von 20 kg ergaben sich in Abhängigkeit vom Wassergehalt der Ration im Winter Futteraufnahmen von 1 bis 2 kg Frischsubstanz je Tag.

Daraus errechnet sich ein durchschnittlicher Winterbedarf von 0,4 bis 0,5 kg Futtertrockensubstanz (TS), 3 000 kJ Net-

toenergie-Fett für Rinder (NEFr), was etwa 300 Energetischen Futtereinheiten für Rinder (EFr) entspricht, und mindestens 40 g verdaulichem Rohprotein (vRP) je Tier (20 kg KM) und Tag (s. „Bewertung der Futterenergie").
Die Ration muß mindestens eine Energiekonzentration von 6 300 kJ/kg TS (600 EFr/kg TS) und eine Proteinkonzentration von 70 g vRP/kg TS (PEQ = 120) haben. Der Rohfasergehalt soll etwa 10 % betragen.
Der Bedarf eines Einzelstückes kann je nach Körpermasse, Alter, Leistung (Bewegung, Gehörnwachstum, Milcherzeugung), Jahreszeit und Umwelteinflüssen erheblich von diesen Durchschnittswerten abweichen. Normen können dafür nicht festgelegt werden.

Damwild

Für das Damwild liegen bisher nicht so zahlreiche Arbeiten über die Zusammensetzung der Äsungspflanzen aus dem gesamten Verbreitungsgebiet vor. Die Untersuchungen in wichtigen Damwildvorkommen lassen aber ähnliche Äsungspflanzengruppen, Auswahlkriterien usw. wie bei den anderen Wildwiederkäuern erkennen (Abb. 14).
In den ersten Monaten des Jahres bilden Gräser, Triebe der Laubbäume, Sträucher und Kräuter, landwirtschaftliche Nutzpflanzen und Baumsamen die Hauptäsungspflanzen. Der Anteil der Gräser ist besonders hoch bei deren Austrieb im April. Die Blätter der Laubbäume, Zwergsträucher und Kräuter sind in den Frühjahrsmonaten Mai und Juni gern genommene Äsung. Sie erreichen in dieser Zeit bis 40 % und drängen die rasch verholzenden Gräser zurück. Mit dem Ansteigen der Rohfaser in den Blättern der Bäume und Sträucher geht wiederum deren Bevorzugung zurück. Blätter und Ähren des Getreides folgen im Sommer. Im Herbst wird Baummast gern genommen. Ab September steigt der Anteil der Gräser wieder an. Während des gesamten Herbstes, Winters und Frühjahrs sind sie die Hauptäsung. In den Waldgebieten Mitteleuropas stellt die Drahtschmiele *(De-*

schampsia flexuosa) die bevorzugte Art dar. Die Gräser erreichen ihr Maximum zum Zeitpunkt des geringsten Rohfasergehaltes, das ist während und kurz nach dem Austrieb im Monat April. Sobald bessere Äsung vorliegt, wird auf diese ausgewichen bzw. deren Anteil zur Kompensation geringwertiger Rationsbestandteile stärker genutzt. Im Jahresdurchschnitt nehmen die Gräser je nach Gebiet 45 % bis 64 % in der Äsung des Damwildes ein. Der Anteil der Koniferentriebe und -nadeln ist mit etwa 1 % sehr gering. Auch die Anteile der Baumrinde sind ohne wirtschaftliche Bedeutung. Von den landwirtschaftlichen Futterpflanzen werden durch das Damwild die Kleearten und Luzerne bevorzugt genommen. Andere Leguminosen, z. B. Erbsen, Süßlupine und Wicke, sind ebenfalls beste Futterarten.
Unter den Gräsern sind Welsches Weidelgras, Ausdauerndes Weidelgras, Rotschwingel u. a. sehr gute Äsungspflanzen. Die Wintergetreidesaaten Winterweizen, Wintergerste und Winterroggen werden vom Herbst bis Frühjahr sehr gut genommen. Sie können dann 30 bis 80 % der Äsung ausmachen. Die winterharten Kohlsorten sind weniger beliebt,

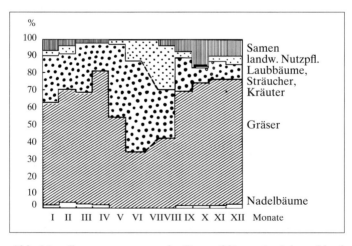

Abb. 14   Zusammensetzung der Damwildäsung im Jahresablauf (nach SIEFKE, MEHLITZ 1974)

Abb. 15   In der Äsung des Damwildes ist der Anteil der Gräser besonders hoch (Foto: REINHARD)

werden aber nach den ersten Frösten und einer Gewöhnungszeit auch gern geäst. Von reifen Körnerfrüchten sind Weizen, Hafer und Mais, von den Knollenfrüchten Kartoffeln, Futter- und Zuckerrüben beliebt. Landwirtschaftliche Nutzpflanzen nehmen im Jahresdurchschnitt je nach Gebiet 5 bis 15 % ein. Aus dieser Aufstellung ergibt sich, daß bei Damwild die hohe Anzahl der möglichen Äsungspflanzen und die Auswahlkriterien, nämlich hohe Gehalte an verdaulichem Eiweiß und verdaulicher Energie, aber geringe Gehalte an Rohfaser, ebenfalls ähnlich sind wie beim Rehwild. Allerdings wird der Hauptanteil der Äsung von den rohfaserreicheren Gräsern, besonders der Drahtschmiele mit durchschnittlich 25 bis 30 % Rohfaser, gebildet. Die noch rohfaserreicheren Koniferennadeln, -triebe und -rinden sind in der Äsung des Damwildes fast nicht enthalten. Für ein Stück Damwild mit einer durchschnittlichen Körpermasse von 50 kg ergaben sich in Abhängigkeit vom Wasser- und Energiegehalt der Ration im Winter Futter-

aufnahmen von 2 bis 4 kg Frischsubstanz je Tag. Das entspricht einem durchschnittlichen Winterbedarf von 0,8 bis 1 kg Trockensubstanz, 4 200 bis 5 200 kJ NEFr (400 bis 500 EFr) und mindestens 50 g vRP je Tier (50 kg KM) und Tag. Die Ration muß mindestens eine Energiekonzentration von 5 200 kJ NEFr/kg T (500 EFr/kg TS) und eine Proteinkonzentration von 50 g vRP/kg TS (PEQ = 100) haben. Der Rohfasergehalt soll 15 bis 20 % betragen.
Auch beim Damwild schwankt der Bedarf des Einzeltieres in Abhängigkeit von Körpermasse, Alter, Leistung und Umwelteinflüssen um die genannten Durchschnittswerte.

Rotwild

Das Rotwild mußte sich dem Nahrungsangebot im jeweiligen Einstandsgebiet ebenfalls anpassen. Das Angebot schwankt in dem riesigen Verbreitungsgebiet dieser Wildart in noch weiteren Grenzen. Die bisher durchgeführten wissenschaftlichen Untersuchungen und Beobachtungen haben ebenfalls eine Vielzahl an Pflanzen als natürliche Nahrung erfaßt. In Polen wurden z. B. maximal 265 geäste Pflanzenarten nachgewiesen.

Für das gesamte Verbreitungsgebiet ergab sich, daß in den qualitativ besseren Biotopen einjährige Triebe der Laubbäume die wichtigste Äsungsgrundlage während des gesamten Jahres darstellen. Der Anteil der einzelnen Arten schwankt in Abhängigkeit vom Standort. In standörtlich ärmeren Gebieten, wo einjährige Laubbaumarten nicht zur Verfügung stehen, rücken die Gräser und Kräuter besonders im Frühjahr und Sommer an erste Stelle. Im Herbst und Winter geht ihr Anteil zurück, weil ihre Verfügbarkeit und Verdaulichkeit abnehmen. Dann erlangen die Zweige von Zwergsträuchern oder Koniferen höhere Bedeutung. Von den landwirtschaftlichen Kulturen werden durch das Rotwild ebenfalls Leguminosen bevorzugt. Es folgen die Gräser Wiesenlieschgras, Knaulgras und Wiesenschwingel. Alle Gräser werden nur im jungen Zustand bis zum Stadium „vor

*Abb. 16
Rotwild bevorzugt
als Nahrung eine
Vielfalt an Pflanzen
(Foto: SIEGEL)*

der Blüte" bevorzugt. Die Ursache dafür ist der bis dahin günstige Rohfasergehalt der Gräser.

Von den Wintersaaten und Winterzwischenfruchtarten werden Winterweizen, Winterwicke, Wintergerste und Futterroggen sehr gern geäst. Die winterharten Kohlarten werden schlechter genommen als die vorher genannten Getreide- und Leguminosenarten.

Im Sommer und Herbst sind die Früchte der landwirtschaftlichen Kulturpflanzen (Maiskolben, Getreideähren, Kartoffelknollen und Rüben) wichtige Äsungsbestandteile des Rotwildes. Die Auswahl der unterschiedlichen Pflanzenarten oder Pflanzenteile durch das Rotwild hängt ebenfalls von den Gehalten an Eiweiß, Energie und Rohfaser sowie deren Verdaulichkeit ab. Vorgezogene Arten haben hohe Gehalte an verdaulichem Eiweiß und verdaulicher Energie sowie einen bei 20 % liegenden Gehalt an verdaulicher Rohfaser. Sie sind arm an unverdaulichen Rohfaseranteilen, z. B. Lignin. Einige Pflanzenarten mit einem hohen Eiweißgehalt werden wegen des Vorkommens giftiger Inhaltsstoffe, meist ölartige Substanzen, nicht oder nicht gern verzehrt.

Das Rotwild hat also wie die anderen Wildwiederkäuer die Fähigkeit ausgebildet, qualitativ gute Äsung innerhalb und zwischen den Arten auszuwählen. Die Auswahl einer speziellen Äsungspflanzenart hängt mit davon ab, was sonst noch verfügbar ist und ob eine Art in der Gesamtration durch eine andere ersetzt werden kann. Das Rotwild sucht also nicht nach einzelnen Pflanzenarten aus, sondern nach dem Nährstoffgehalt der Pflanzen zur Deckung der Ansprüche an den Gesamtnährstoff und die Struktur der Gesamtration.

Für 1 Stück Rotwild mit einer durchschnittlichen Körpermasse von 100 kg ergaben sich in Abhängigkeit vom Wasser- und Energiegehalt der Ration im Winter Futteraufnahmen von 4 bis 8 kg Frischsubstanz je Tag. Bei einem Wassergehalt der Ration von 50 bis 60 % und einer Energiekonzentration von 5 000 bis 7 500 kJ (500 bis 700 EFr) NEFr je kg Trockensubstanz waren es 3,5 bis 4,0 kg Futterfrischsubstanz je Tier (100 kg KM) und Tag. Das entspricht einem Winterbedarf von 1,7 bis 2,5 kg, im Durchschnitt 2 kg Trockensubstanz, 8 400 bis 12 600 kJ (800 bis 1 200 EFr) NEFr und mindestens 90 g vRP je Tier (100 kg KM) und Tag. Die Ration muß mindestens eine Energiekonzentration von 5 200 kJ/kg TS (500 EFr/kg TS), eine Proteinkonzentration von 50 g vRP/kg TS (PEQ = 100) und einen Rohfasergehalt von 15 bis 20 % haben.

Muffelwild

Das Muffelwild wird in der Fachliteratur als „typischer Grasäser" bezeichnet. Nach Untersuchungen der Äsungspflanzen in den Einbürgerungsgebieten Europas überwiegen zwar die Gräser, Triebe von Bäumen und Sträuchern sowie andere Pflanzen werden aber ebenfalls genommen. Mehrere Autoren weisen für Mitteleuropa nach, daß die Gräser, in erster Linie die Drahtschmiele, je nach Pflanzenzusammensetzung des Untersuchungsgebietes 10 bis 70 %, im Durchschnitt etwa 40 %, ausmachen. Dann folgen mit durchschnittlich 15 % Nadelhölzer. Laubhölzer und Sträucher erreichen ebenfalls rund 15 %. Kräuter nehmen im Durchschnitt 10 % ein. Die Anzahl der Gräser nimmt bei besseren Standorten und damit besseren Äsungsverhältnissen ab. Der Anteil der Nadelbaumteile in der Äsung ist besonders in den Wintermonaten hoch, etwa 10 bis 20 % mehr als im Durchschnitt der Sommermonate (Abb. 17). Für Fichtentriebe ergab sich ein hoher Anteil im Frühjahr durch den Maitriebverbiß. Laubbaumteile sind auch beim Muffelwild im Sommer mit einem wesentlich höheren Anteil in der Äsung vertreten als im Winter, das heißt, die Blätter werden aufgrund ihres hohen Futterwertes auch von Muffelwild vorgezogen. Kräuter können im Sommer mit 15 bis 80 % an der Äsung beteiligt sein. Samen der Laubbäume werden in Mastjahren von Oktober bis April teilweise in größeren Mengen genommen. Auch landwirtschaftliche Nutzpflanzen gehören zur Äsung des Muffelwildes. Je nach Einstandsgebiet ist der Besuch der Felder und damit der Anteil der dort wachsenden Pflanzen an der Äsung unterschiedlich. Er reicht von 0 % bis etwa 20 % im Durchschnitt der-

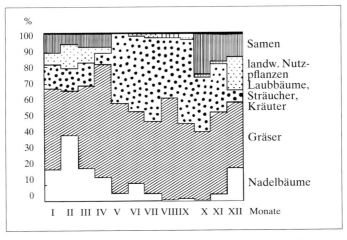

Abb. 17 Zusammensetzung der Muffelwildäsung im Jahresablauf (nach THIELE 1985)

Abb. 18   Muffelwild bevorzugt übersichtliche Flächen und lichte Waldbestände der Gebirge (Foto: CRAMM/Save-Bild)

einzelnen Einstandsgebiete. Die Kleearten und die meisten landwirtschaftlichen Grasarten werden gut genommen. Insgesamt ist das Spektrum der Äsungspflanzen bei Muffelwild ebenso breit, wie es von den anderen Wildwiederkäuern nachgewiesen wurde. Auch der Ablauf im Jahr ist ähnlich. Der Anteil der schwer verdaulichen Pflanzenteile ist allerdings hoch. Für ein Stück Muffelwild mit einer durchschnittlichen Körpermasse von 30 kg ergaben sich in Abhängigkeit vom Wasser- und Energiegehalt der Ration im Winter Futteraufnahmen von 1 bis 3 kg Frischsubstanz je Tag. Das entspricht einem durchschnittlichen Winterbedarf von 0,6 kg TS Futter, 3 100 kJ (300 EFr) NEFr und etwa 40 g vRP je Tier (30 kg KM) und Tag. Die Ration sollte eine Energiekonzentration von 5 200 kJ/kg TS (500 EFr/kg TS), eine Proteinkonzentration von 50 g vRP/kg TS (PEQ = 100) und einem Rohfasergehalt von 20 bis 25 % haben.

Abb. 19 *Muffelwild ist auch ein typischer Gras- und Rauhfutteräser (Foto: HIRSCHBERGER/Save-Bild)*

Gemeinsamkeiten in Nahrung und Nahrungsbedarf der Wildwiederkäuer

Das Rehwild stellt unter den einheimischen Wildwiederkäuern nach den durchschnittlichen Anteilen an Äsungspflanzen eine Ausnahme dar. Es ist an eiweiß- und energiereiche, aber rohfaserarme Pflanzen und Pflanzenteile als Äsung angepaßt und wählt diese bevorzugt aus. Die rohfaserreichen Gräser nehmen einen geringen Prozentsatz ein (Abb. 20). Nur in Mangelsituationen werden schwer verdauliche Äsungsbestandteile, z. B. Nadelbaumtriebe, als Notnahrung genommen.

Bei Dam-, Rot- und Muffelwild sind Gräser die Hauptäsungspflanzen. Kräuter, Sträucher, Laubbäume, Samen und landwirtschaftliche Nutzpflanzen folgen danach. Nur bei Rot- und Muffelwild kommenNadelbaumteile in höhe-

Wald-Rehwild
(ESSER 1958,
THIELE 1985,
ONDERSCHEKA 1979)

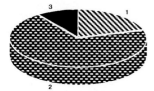

1 = 20 % Samen, Früchte,
      Leguminosen
2 = 70 % Kräuter, Sträucher,
      Laubbäume
3 = 10 % Gräser

Rotwild
(JENSEN 1958,
ONDERSCHEKA 1979)

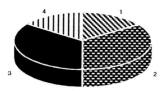

1 = 15 % Sonstiges, Samen,
      landw. Nutzpflanzen
2 = 35 % Kräuter, Sträucher
      Laubbäume
3 = 35 % Gräser
4 = 15 % Nadelbäume

Damwild
(SIEFKE, MEHLITZ 1974,
WIEPRICH 1985)

1 = 30 % Sonstiges, Samen,
      Früchte, landw.
      Nutzpflanzen
2 = 15 % Kräuter, Sträucher,
      Laubbäume
3 = 55 % Gräser

Muffelwild
(THIELE 1985,
ONDERSCHEKA 1979,
STUBBE 1971)

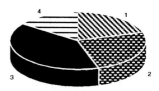

1 = 20 % Sonstiges, Samen,
      landw. Nutzpflanzen
2 = 25 % Kräuter, Sträucher,
      Laubbäume
3 = 40 % Gräser
4 = 15 % Nadelbäume

Abb. 20   Zusammensetzung der Äsung der Wildwiederkäuer im Jahresdurchschnitt

ren Prozentsätzen im Frühjahr und Winter hinzu. Die nach ihren Flächenanteilen jeweils am stärksten vertretenden Äsungspflanzen des Einstandsgebietes bilden die Grundlage der Ernährung.

Im Ablauf des Jahres werden von allen 4 Wildarten die Äsungspflanzen bevorzugt, die, begründet in ihrem Entwicklungszustand, den höchsten Futterwert nach hohem Gehalt an verdaulichem Eiweiß, verdaulicher Energie und niedrigem Gehalt an unverdaulicher Rohfaser (Lignin) haben. Mit dem Austrieb der Gräser im April erreichen diese den höchsten Anteil. Sie werden im Mai durch die austreibenden Laub-, Strauch- und Kräuterblätter wieder zurückgedrängt. Im Sommer und Herbst werden die hochwertigen Getreide- und Laubbaumfrüchte bevorzugt. Im Winter müssen zwangsläufig die geringwertigen Laub- und Nadelbaumtriebe den Mangel an besseren Äsungspflanzen ausgleichen. Von entscheidendem Einfluß auf die Äsungszusammensetzung ist somit die Erreichbarkeit der Pflanzen nach ihrem flächenmäßigen Vorkommen oder der zeitweiligen Überdeckung mit Schnee.

Zwischen den vorhandenen Pflanzen entscheidet deren Futterwert über die Annahme. Die anatomisch-physiologischen Unterschiede im Verdauungssystem von Damwild, Rotwild und Muffelwild haben offenbar erst zweitrangige Bedeutung bei der Äsungsauswahl. Sie äußern sich besonders in einer Zunahme der schwer verdaulichen Nadelbaumanteile beim Rot- und Muffelwild. In der Damwildäsung fehlen zwar nennenswerte Anteile von Nadelbäumen. Dafür sind die nur als gering günstiger einzuschätzenden Gräser in hohen Anteilen vertreten.

Nachstehende **Schlußfolgerungen zum Nahrungsbedarf und Konkurrenzverhalten** untereinander sowie zur Fütterung und Wildschadenverhütung lassen sich ziehen:

Alle 4 wiederkäuenden Schalenwildarten können den größten Teil der vorkommenden Pflanzenarten als Äsung nutzen. Sie wählen die Pflanzenarten, Pflanzenteile oder Pflanzenstadien aus, die den höchsten Futterwert, d. h. hohen

Tabelle 3 Winternormalbedarf je Tier und Tag bei Wildwiederkäuern

Wildart	Durchschnittl. Körpermasse	Winternormalbedarf			Rationsgehalt		
		TS	NEFr	vRP	E-Konzentration	RFa	PEQ
	kg	kg	EFr	g	EFr/kg TS	%	
Rehwild	20	0,4	300	>40	>600	10	>120
Damwild	50	1,0	500	>50	~500	15–20	>100
Rotwild	100	2,0	1000	>90	~500	15–20	>100
Muffelwild	30	0,6	300	>40	~500	20–25	>100

(1 EFr = 2,5 kcal bzw. 10,47 kJ NEFr ≈ 1 StE)

Eiweiß- und Energiegehalt sowie geringen Rohfasergehalt, haben. Im Ablauf des Jahres stellen sich alle 4 Arten auf die jeweils günstigsten Pflanzenstadien und damit Rationszusammensetzungen ein.
Während der winterlichen Notzeit können auch Pflanzen mit geringem Futterwert als Notnahrung genutzt werden.
Während das Rehwild auf eine Äsung mit hohem Futterwert angewiesen ist, können Dam-, Rot- und besonders Muffelwild Rationen mit geringerem Futterwert verdauen.
Alle 4 Schalenwildarten stehen untereinander in Äsungskonkurrenz.
Bei Mehrartenbewirtschaftung, Haltung mehrerer Wildarten in einem Gatter und überhöhten Wilddichten wird das Rehwild durch die Nahrungskonkurrenz am stärksten betroffen. Danach folgt das Damwild.
Das Winterfutter kann aus einem großen Teil der in den Jagdgebieten vorkommenden Pflanzenarten gewonnen werden. Die Futterkonservate müssen aus den Pflanzen, Pflanzenteilen und Pflanzenstadien hergestellt werden, die einen hohen Futterwert haben. Nur dann wird das Winterfutter in ausreichender Menge angenommen und lenkt von

den Wirtschaftsbaumarten ab, die trotz ihres geringen Futterwertes zu den natürlichen Äsungspflanzen gehören.
Zur Deckung des Winterbedarfs müssen die Futterrationen den in nachstehender Tabelle angegebenen Richtwerten entsprechen (Tab. 3).

Federwild

Das Federwild ist nach dem Aufbau des Verdauungstraktes zum überwiegenden Teil an Nahrung tierischer und pflanzlicher Herkunft angepaßt, die Eiweiß und Energie in konzentrierter Form enthält.
Die Nahrung des **Jagdfasans** ist sehr vielseitig aus tierischen und pflanzlichen Stoffen zusammengesetzt. Den Hauptteil der tierischen Nahrung bilden Insekten in ihren verschiedenen Stadien. Gern werden aber auch Schnecken, Würmer und Mäuse genommen. Kleine Schlangen und Frösche werden ebenfalls verzehrt. Von den Pflanzen haben die Blätter der Kräuter und Gräser sowie Knospen und Früchte eine hohe Bedeutung. Maiskörner, Weizen, Gerste, Lupinen, Wicken, Erbsen, Hirse, Buchweizen, Sonnenblumenkerne sowie Eicheln, Bucheckern, Ebereschen- und Holunder-

Abb. 21
Der Fasan findet vielseitige Nahrung in reich gegliederten Revieren mit Feldern, Wiesen, Wald und Wasser
(Foto: Save-Bild)

beeren gehören zur gern genommenen Nahrung. Markstammkohl, Grünkohl, Rosenkohl und Topinambur sind wichtige, wasserreiche Grünäsung im Winter. Zu beachten ist, daß die Fasane wie alle Hühnervögel zur Verdauung kleine Steinchen (Grit) benötigen. Der Durchschnittsbedarf je Tag und Tier soll 0,5 bis 2,5 g betragen.

Der tägliche Nahrungsbedarf eines Fasans in freier Wildbahn wird auf 80 bis 90 g geschätzt. Bei der Haltung in Volieren wurde für Zuchtfasane ein mittlerer täglicher Bedarf an Zuchtputenfutter von 75 g ermittelt. Der Bedarf für einen Legefasan (1 250 g KM) zur Erhaltung beträgt 60 g Futtertrockensubstanz, 480 kJ (32,5 EFh) Nettoenergie für Hühner (NEFh), 4,5 g vRP, 0,25 g Lysin und 0,20 g Methionin plus Zystin. Daraus ergeben sich für die Futterration 8 000 kJ (550 EFh) NEFh und 75 g vRP (PEQ = 140) je kg Futtertrockensubstanz. Bei einer Legeleistung von 80 % steigt der Bedarf auf 85 g TS, 770 kJ (52,5 EFh) NEFh, 14,2 g vRP, 0,88 g Lysin und 0,60 g Methionin mit Zystin. Das entspricht 9 000 kJ (620 EFh) NEFh und 170 g vRP (PEQ = 270) je kg Trockensubstanz (JEROCH 1984).

Die Nahrung des **Rebhuhns** ist ähnlich wie beim Fasan zusammengesetzt. Der Anteil an pflanzlichen Stoffen überwiegt und beträgt bis 90 %. Die Samen verschiedener Kräuter (Knöterich, Melde, Wolfsmilch, Feldmohn, Spitzwegerich, Wicke, Disteln, Vogelmiere u. a.) nehmen darin 20 bis 25 % ein. Blätter von Löwenzahn, Schafgarbe, Vogelmiere, Wintersaaten u. a. ergeben 30 bis 60 %. Getreidekörner sind mit 20 bis 40 % beteiligt. Die Anteile an Tieren in der Nahrung, im Jahresdurchschnitt etwa 10 %, bestehen aus Insekten, Schnecken und Regenwürmern. Der Wasserbedarf wird in erster Linie aus der Nahrung und durch Aufpicken von Tautropfen gedeckt. Im Winter besteht die Nahrung der Hühner zu 60 bis 70 % aus grünen Blättern der Wintersaaten und Gräser. Zucker- und Futterrüben, Kartoffeln sowie die Blätter der Kohlarten werden ebenfalls genommen. Es werden 30 g je Huhn und Tag als für die Erhaltung ausreichend angegeben.

Die Nahrung der **Stockente** ist besonders vielseitig. Neben den Trieben, Knospen und Samen vieler Wasser- und Sumpfpflanzen (Wasserpest, Wasseralgen) werden auf Feldern und Wiesen wachsende Grünpflanzen, Getreidekörner, Erbsen und andere Körnerfrüchte genommen. Auch Baumsamen, z. B. Eicheln, zählen zur Nahrung. Außerdem dienen Insekten in allen Entwicklungsstadien sowie Würmer, Schnecken, Muscheln, Frösche, Kaulquappen, Fischlaich u. a. als Futter. Der Anteil der tierischen Nahrung beträgt im Jahresdurchschnitt etwa 50 %, im Frühjahr und Sommer sogar 60 bis 90 %. Ab August herrschen Getreidekörner, Baumsamen und andere pflanzliche Teile vor. Im Winter erreichen letztere das Maximum.
Die Nahrung wird im Wasser vorwiegend durch Gründeln gesucht. Wasser, Schlamm und andere Bestandteile werden angesaugt, in der Schnabelhöhle sortiert und die Nahrungsteile an den Hornlamellen des Schnabelrandes zurückgehalten.
Als Frischfutterbedarf im Winter werden 70 bis 100 g je Tier und Tag angegeben.

Einteilung der Futtermittel, ihre Gewinnung, Konservierung und Lagerung

Die Futtermittel werden für die Fütterung der landwirtschaftlichen Nutztiere zum Zweck des ökonomischen Einsatzes, zur Zusammenstellung von Rationen usw. seit langer Zeit in Gruppen eingeteilt. Heute wird, besonders in der Wiederkäuerfütterung, nach Grob- oder Grundfutter, Konzentrat- oder Kraftfutter, Futterzusätzen und Mischfutter unterschieden.

Grobfuttermittel

Zum Grobfutter zählen alle Futtermittel, deren Teile eine grobe Struktur und einen hohen Gehalt an pflanzlichen Gerüstsubstanzen, vor allem Zellulose und Lignin, haben. Für die Strukturwirksamkeit sind neben der Länge und Größe der Futterteile auch deren Festigkeit und Stärke ausschlaggebend. Die Strukturwirksamkeit der Futtermittel hängt also nicht nur von ihrem Rohfasergehalt ab, sondern auch von ihrer Form. Während sie im Heu mit 28 bis 30 % Rohfaser 100 % entspricht, geht sie bei gehäckseltem Trockengrünfutter mit 25 bis 28 % Rohfaser auf 75 % und bei pelletiertem Trockengrünfutter auf 25 % zurück. Durch einen ausreichenden Anteil an strukturwirksamem Grobfutter in der Gesamtration wird bei Wiederkäuern die für den Ablauf der Verdauungsvorgänge notwendige Kau- und Wiederkaudauer sowie die notwendige Anzahl und Stärke der Pansenkontraktionen erreicht. Nur dadurch wird die für die Regulierung der im Pansen entstandenen Säuren notwendige Speichelmenge abgesondert. Für Rinder wurden als notwendige Menge Rohfaser in der Gesamtration etwa 18 % nachgewiesen, wovon mindestens 13 bis 14 % absolut strukturwirksam sein müssen. Für Wildwiederkäuer liegen genauere Untersuchungen darüber nicht vor. Nach Fütterungsversuchen und nach dem anatomischen Aufbau des Pansens (HOFMANN) kommt Rehwild offenbar mit geringeren Rohfasergehalten aus. Dam-, Rot- und Muffelwild dürften ähnliche Ansprüche wie Rinder haben. Muffelwild ist in der Lage, auch höhere Rohfasergehalte zu verdauen. Es reagiert nach unseren Erfahrungen aus der Gatterhaltung besonders empfindlich auf zu geringe Mengen strukturwirksamer Rohfaser in der Ration mit Erkrankung durch Pansenazidose.

Für die Fütterung der Wildwiederkäuer Rot-, Dam-, Muffel- und Rehwild sind Grobfuttermittel demnach unentbehrlich. Sie gewährleisten durch ihre äußere Beschaffenheit und chemische Zusammensetzung die normale Funktion des Verdauungsapparates. In allen „wiederkäuergerechten" Rationen müssen sie in einem bestimmten Umfang enthalten sein.

Grobfuttermittel können bei guter Qualität und bedarfsgerechter Zusammensetzung „Alleinfutter" für die Wiederkäuer sein. Auch die Fütterung der anderen Pflanzenfresser unter den Wildarten, der Hasen und Kaninchen, ist mit Grobfutter möglich.

Die Konservate der Grobfuttermittel sind darüber hinaus die Futtermittel, die von den Jagdberechtigten am einfachsten in jedem Jahr selbst produziert und konserviert werden können. Sie sind deshalb die wichtigsten Futtermittel für die Wildfütterung.

Zu den Grobfuttermitteln werden Grünfutter, Silagen, Heu, Trockengrünfutter, Stroh und Stroh-Konzentrat-Gemische gerechnet.

Grünfutter sind die oberirdischen Teile der Futterpflanzen, die auf Wiesen und Weiden (Dauergrünland) in natürlichen, gemischten Pflanzenbeständen wachsen. In der Landwirtschaft werden sie auch im Feldfutterbau als reine Bestände von Gräsern, Klee u. a. oder als Gemenge dieser Pflanzen angebaut. Für die Wildfütterung ist junges Grünfutter des gut bewirtschafteten Dauergrünlandes besonders

wertvoll. Es zeichnet sich durch günstige Gehalte an Energie, verdaulichem Eiweiß, Vitaminen, Mengen- und Spurenelementen in den Blättern aus. Allerdings werden die chemische Zusammensetzung und Verdaulichkeit des Grünfutters stark von Boden, Klima und agrotechnischen Maßnahmen beeinflußt.
Durch Melioration, Bodenbearbeitung, Düngung und Neuansaat oder eine dieser Maßnahmen allein können die Artzusammensetzung, der Nährstoffgehalt und die Erträge auch auf dem natürlichen Dauergrünland in den Jagdbezirken wesentlich verbessert werden.
Wichtigste Maßnahmen sind die **Regulierung der Wasserverhältnisse, die Kalkung und Düngung**. Durch Kalkung saurer Böden kann die Zusammensetzung und Verdaulichkeit der Wiesengräser wesentlich verbessert werden. Leguminosen, also Kleearten werden gefördert. Sachgemäße Düngung mit den Hauptnährstoffen Stickstoff, Phosphor und Kalium führt zu einer günstigeren Zusammensetzung des natürlichen Pflanzenbestandes, zur Steigerung der Erträge und Verbesserung der chemischen Zusammensetzung der einzelnen Pflanzen. Stärkere Stickstoffdüngung steigert die Erträge und erhöht den Rohprotein- sowie Karotingehalt der Grünfutterpflanzen. Gleichzeitig werden aber die Obergräser gegenüber den Kleearten begünstigt. Auch weitere Mengen- und Spurenelemente (z. B. Kupfer, Mangan, Kobalt, Jod, Molybdän) können in Mangelgebieten durch sachgemäße Düngung in den Futterpflanzen angereichert werden.
Die richtigen Meliorations- und Düngungsmaßnahmen zur Verbesserung der Grünfuttererträge auf Dauergrünland können nur in Zusammenarbeit mit den Fachleuten der Landwirtschaft und nach Bodenanalysen durchgeführt werden.
Der Pflanzenbestand des Dauergrünlandes besteht vorwiegend aus Gräsern, Kleearten und anderen Leguminosen sowie Kräutern. Ihre Anteile und ihr Vegetationsstadium bestimmen den Futterwert des Grünfutters und der daraus

hergestellten Konservierungsprodukte. Der Anteil der Gräser ist entscheidend für den Energie- und der Anteil der Kleearten für den Eiweißgehalt. Die meisten Kräuter haben ebenfalls gute Eiweiß-, Vitamin- und Mineralstoffgehalte sowie verschiedene Aromastoffe. Sie werden deshalb teilweise vom Wild bevorzugt angenommen und verbessern auch die Annahme des Heus bzw. der Silagen.

Bevorzugt geäste Gräser sind nach eigenen Versuchen mit Rot- und Damwild Wiesenlieschgras, Wiesenschwingel, Wiesenrispe, Welsches Weidelgras, Ausdauerndes Weidelgras und Knaulgras. Gern genommene Leguminosen waren bei den gleichen Versuchen Rotklee, Schwedenklee, Weißklee, Luzerne u. a.

Das deckt sich mit den Erkenntnissen aus der Fütterung landwirtschaftlicher Nutztiere.

Die genannten Gräser stehen auch nach dem Energiegehalt mit an vorderster Stelle.

Die **Kleearten** sind als Futterpflanzen mit dem höchsten Eiweißgehalt bekannt.

Sehr günstig für die Qualität des Wildfutters vom Dauergrünland ist ein größerer Anteil an wertvollen Kräutern, zu denen Löwenzahn, Kümmel, Möhre, Kamille, Thymian u. a. gehören.

Der Futterwert des Pflanzenbestandes der Wiesen ist in starkem Maße vom **Erntezeitpunkt** abhängig. Junges Pflanzenmaterial hat einen hohen Rohprotein- und niedrigen Rohfasergehalt. Im Verlauf der Entwicklung geht der Rohproteingehalt zurück, und der Rohfasergehalt steigt an. Die Pflanzen verholzen durch Einlagerung von Lignin immer stärker. Mit der Verholzung nimmt die Verdaulichkeit fast aller Nährstoffe stark ab. Durch diese Veränderung vermindert sich der Futterwert erheblich. Bei der Futterproduktion für landwirtschaftliche Nutztiere kommt es deshalb darauf an, den Schnittzeitpunkt so zu wählen, daß der Eiweißgehalt möglichst hoch, der Ertrag je Flächeneinheit befriedigend und der Rohfasergehalt so niedrig wie möglich ist. Für die Ernte der Grünfuttermittel zur Fütterung der

Tabelle 4 Ertragsbildung bei einem Grasmischbestand in Abhängigkeit von Vegetationsstadium und Erntedatum (nach BEYER u. a. 1978)

Vegetations-stadium	Erntedatum	Ertrag an TS dt/ha	Gehalt an				
			TS g/kg	RFa g/kg TS	vRP g/kg/TS	EK EFr/kg TS	PEQ
Vor dem Ährenschieben	20. 5.	17	150	204	152	610	249
Beginn des Ährenschiebens	29. 5.	26	160	249	120	577	208
Ende des Ährenschiebens	7. 6.	37	188	296	87	544	160
Blüte	16. 6.	46	244	330	59	500	118
Nach der Blüte	28. 6.	50	285	360	38	450	84

landwirtschaftlichen Nutztiere liegt dieser Zeitpunkt kurz vor oder zu Beginn der Blüte.
Die Ernte des Futters, das an die freilebenden Wildwiederkäuer und die anderen Pflanzenfresser unter den Wildarten verfüttert werden soll, ist noch früher durchzuführen. Der Zeitpunkt liegt bei den Gräsern im Vegetationsstadium „vor dem Ährenschieben", das ist im Durchschnitt von Mitte bis Ende Mai der Fall (Tab. 4). Nur mit Grobfutter besonders guter Qualität ist bei den Wildarten eine ausreichend hohe Aufnahme des Futters und damit Ablenkung von den Wirtschaftsbaumarten zu erreichen. Die bei früher Mahd niedrigeren Massenerträge je Flächeneinheit werden durch die bessere Annahme des Futters ausgeglichen.
Zur natürlichen Nahrung und zu den Grobfuttermitteln gehören bei den pflanzenfressenden Wildarten auch die **Blätter, Nadeln, Knospen und Triebe der Baum- und Straucharten.** Die Blätter der Baumarten Aspe, Weide, Salweide, Linde, Bergahorn und Eberesche stellen im Sommer hochwertige

Tabelle 5   Nährstoffgehalt der Trockensubstanz von Blattorganen und Trieben von Bäumen im Sommer (Juni bis Oktober)

Baumart	RP g/kg	RFa g/kg	vRP g/kg	EK EFr/kg	VE %	PEQ	Ca : P
Aspe	150	187	92	493	59	187	6,2
Küblerweide	196	159	106	438	52	242	2,9
Salweide	181	158	98	439	52	223	–
Bergahorn	174	184	90	467	57	193	9,4
Winterlinde	149	126	87	471	56	185	7,5
Eberesche	145	125	78	456	52	171	8,1
Weißbuche	152	131	67	309	37	217	7,1
Stieleiche	184	172	81	307	37	264	3,6
Traubeneiche	167	174	74	307	37	241	5,4
Roteiche	174	184	80	305	37	262	2,9
Rotbuche	151	162	67	303	37	221	4,9
Moorbirke	169	137	69	486	43	142	2,5
Fichte	102	239	45	302	37	149	2,3

Tabelle 6 Veränderung des Nährstoffgehaltes in der Trockensubstanz von Blättern der Küblerweide in Abhängigkeit vom Erntezeitpunkt

Erntetag	RP g/kg	RFa g/kg	vRP g/kg	EK EFr/kg	VE %	PEQ	Ca:P
24. Juni	247	135	133	434	52	306	1,5
8. Juli	234	162	126	434	52	290	–
23. Juli	204	156	110	440	52	250	–
18. Sept.	178	154	96	438	52	219	3,4
15. Okt.	167	185	90	438	52	205	4,0
21. Okt.	133	201	72	433	52	166	5,4

Grobfuttermittel dar. Die Blätter der Eichenarten, der Rotbuche und der Weißbuche haben zwar eine geringere Energiekonzentration, aber einen recht guten Protein-Energie-Quotienten. Auch durch ihre günstige Struktur zählen sie für die Wildwiederkäuer noch zur hochwertigen Grünäsung. Die Blätter und Zweige der Birke, Fichte und Kiefernarten sind dagegen minderwertige Grobfuttermittel (Tab. 5).

Auch bei den Vegetationsorganen der Bäume verändert sich der Futterwert im Ablauf des Jahres. Die Ernte von Laub zwecks Herstellung von Waldsilage oder Laubheu muß deshalb wie bei den Grünfuttermitteln der Wiesen möglichst frühzeitig nach dem Austrieb in den Monaten Juni und Juli erfolgen (Tab. 6).

Im Winter ist der Energiegehalt, die Verdaulichkeit der Energie und der Gehalt an verdaulichem Rohprotein bei den Baumzweigen sehr niedrig. Die Fütterung und Erhaltung des Wildes ist damit über längere Zeit nicht möglich. Baumzweige haben dann lediglich als Notnahrung bzw. Strukturfutter geringe Bedeutung. Die Weichlaubhölzer Salweide, Eberesche, Aspe, Weide, Bergahorn und Linde stehen wieder an der Spitze. Kiefer und Fichte folgen danach. Besonders gering ist der Futterwert der Eichen- und Buchenzweige (Tab. 7).

Tabelle 7 Nährstoffgehalte der Trockensubstanz der Triebe von Bäumen im Winter (November bis Februar)

Baumart	RP g/kg	RFa g/kg	vRP g/kg	EK EFr/kg	VE %	PEQ	Ca:P
Bergahorn	112	238	52	449	51	116	7,3
Salweide	130	209	78	433	50	180	2,8
Küblerweide	105	238	60	430	45	140	3,0
Eberesche	98	209	54	417	50	129	6,4
Winterlinde	93	267	51	412	52	124	13,3
Aspe	92	222	48	413	49	116	12,1
Kiefer	89	290	45	429	50	105	6,3
Fichte	114	251	49	315	42	156	3,6
Moorbirke	99	263	31	388	44	80	3,6
Traubeneiche	82	242	33	280	34	118	9,4
Roteiche	84	250	34	277	34	123	12,8
Stieleiche	91	240	37	271	34	136	6,7
Weißbuche	102	271	41	275	37	149	8,6
Rotbuche	89	305	36	276	34	130	5,8

Alle wasserreichen Grünfuttermittel sind nur begrenzte Zeit lagerfähig. In den noch lebenden Zellen geht der Atmungsstoffwechsel weiter, wobei der Zucker fermentiert und das Eiweiß abgebaut werden. Sauerstoff- und Wassermangel bewirken den Tod der Pflanzenzellen. Durch die pflanzeneigenen Fermentsysteme beginnt die Zersetzung, die durch Mikroorganismen, vor allem Bakterien und Pilze, fortgeführt wird. Die Temperatur kann auf 40 bis 60 °C ansteigen. Innerhalb weniger Stunden treten erhebliche Verluste an Energie und verdaulichem Rohprotein auf. Bei Versuchen mit Rindern wurde durch eine Zwischenlagerungszeit des Grünfutters von 20 Stunden die Verdaulichkeit der organischen Substanz auf 65 % und die Futteraufnahme auf 40 % vermindert (HOFMANN u. a. 1983). Darüber hinaus ist die Aufnahme geschnittenen Grünfutters niedriger als bei der freien Äsung, weil die Tiere nicht auswählen können. Auch angewelktes oder regennasses Grünfutter wird weniger gern genommen. Das Grünfutter kann lang oder gehäckselt angeboten werden. Dabei ist zu beachten, daß gehäckseltes Grünfutter weniger strukturwirksam ist und sich bei Zwischenlagerung schneller erhitzt. Bei der Fütterung von geschnittenem Grünfutter an die Wildwiederkäuer in Gehegen ist deshalb nicht nur darauf zu achten, daß das Material jung, eiweißreich und rohfaserarm ist, sondern daß es auch frisch, ohne Zwischenlagerung, angeboten wird.

Für die Winterfütterung in der freien Wildbahn und in Gehegen sind größere Mengen konservierter Grobfuttermittel notwendig. Als Grundverfahren für die Herstellung kommen die Silierung, die Heubereitung und die Heißlufttrocknung in Frage.

Die **Silierung von Grünfuttermitteln** hat in den letzten Jahren eine zunehmende Bedeutung erlangt, da sie weitgehend unabhängig von der Witterung ist und bei sachgemäßer Ausführung geringere Nährstoffverluste und Futterwertminderungen bringt als die Heubereitung. Darüber hinaus sind Silagen wegen des höheren Wassergehaltes (60 bis 80 %) dem Heu (10 bis 20 %) bei der Winterfütterung des Wildes weit überlegen. Silagen guter Qualität werden deshalb in solchen Mengen aufgenommen, daß sie allein den Futterbedarf des wiederkäuenden Schalenwildes decken können.

Die Silierung ist ein Verfahren, bei dem die unerwünschten Zersetzungsvorgänge im Grünfutter auf biologischem Wege weitgehend unterbunden werden. Eine ganze Reihe von auf dem Futter vorkommenden Bakterien erzeugen bei Gärungsvorgängen unter Luftabschluß als Stoffwechselprodukt Milchsäure. Die Anreicherung der Milchsäure führt zu einer Verschiebung des *p*H-Wertes (Säuregrades) im Futter. Dadurch stellt ein erheblicher Teil der unerwünschten Mikroorganismen, Buttersäurebakterien und andere Eiweißzersetzer, die Lebenstätigkeit ein. Lediglich Schimmelpilze und Hefe sind unempfindlich gegenüber der Säure. Ihr verstärktes Auftreten kann aber durch Luftabschluß sicher verhindert bzw. gebremst werden. Der Konservierungseffekt bei der Silierung beruht demnach auf der pH-Wert-Senkung (Erhöhung des Säuregrades) und dem Luftabschluß. Die Haltbarmachung des Grünfutters gelingt um so besser, je schneller und nachhaltiger die Milchsäuregärung erfolgt und je vollständiger der Luftabschluß ist.

Die **Gärung im Silo** verläuft in mehreren Abschnitten. In der ersten Phase geht der Stoffwechsel der Pflanzenzellen und der eingebrachten Mikroben weiter. Nach wenigen Stunden endet dieser Vorgang mit dem vollständigen Verbrauch des eingeschlossenen Sauerstoffes und dem Tod der Pflanzenzellen. Der Futterstock sackt zusammen, Pflanzensaft tritt aus, und die an Sauerstoff gebundenen Bakterien sterben ab.

Im zweiten Abschnitt vermehren sich zunächst unerwünschte Bakterienarten im Pflanzensaft, werden aber bald von den Milchsäurebakterien überholt. Es entsteht vorwiegend Essigsäure und Kohlendioxid. Dieser Abschnitt dauert etwa 1 bis 3 Tage.

In der dritten Phase erreichen die Milchsäurebakterien ihre höchste Vermehrungsrate und bilden immer mehr Milchsäure. Die essigsäurebildenden Bakterienarten gehen dadurch stark zurück. Dieser Abschnitt dauert je nach Umgebungstemperatur 7 bis 14 Tage.

Im vierten Abschnitt wird die Milchsäurebildung allmählich geringer, weil der erreichte Säuregrad die Milchsäurebakterien selbst abtötet bzw. die vergärbaren Kohlenhydrate (Zucker) verbraucht sind. Bei zu viel Zucker wird dieser allmählich durch Hefen in Alkohol umgewandelt. Die erreichte Milchsäurekonzentration entscheidet, ob die Konservierung stabil bleibt oder nicht. Dieser Abschnitt dauert je nach Pflanzenmaterial und anderen Umständen einige Wochen oder verläuft langsam bis zum Ende der Lagerzeit der Silage.

Falls die Menge der gebildeten Milchsäure nicht ausreichend ist, schließt sich ein weiterer Abschnitt an. Buttersäurebakterien können sich erneut entwickeln, bauen das Eiweiß ab und vergären die Milchsäure zu Buttersäure. Die

Silage verdirbt. Der Vorgang wird als das „Umkippen" der Silage bezeichnet. Neben dem Verderben der Silage durch die beschriebene Nachgärung unter Luftabschluß können Fäulnisprozesse an der nicht ausreichend luftdicht abgeschlossenen Oberfläche, an der Anschnittfläche des Futterstockes bei der Entnahme oder bei der Zwischenlagerung eintreten. Die Ursache dafür sind Schimmelpilze und Hefen, die die Nährstoffe unter Erwärmung rasch abbauen. Schimmelpilze treten bei allen Silagen nach Luftzutritt auf; Hefen vermehren sich besonders leicht bei kohlenhydratreichen Futtermitteln.

Für den ungehinderten Ablauf der angestrebten Milchsäuregärung sind demnach eine ganze Reihe von Voraussetzungen zu beachten. Auf den frischen Futterpflanzen befinden sich, neben einer geringen Zahl an Milchsäurebakterien, größere Mengen von Keimen der unerwünschten Mikroben. Ihr Anteil steigt mit zunehmender Verschmutzung des Futters durch Bodenteilchen noch weiter an. Da sich die Milchsäurebakterien im zweiten Abschnitt der Gärung gegenüber diesen Keimen durchsetzen müssen, ist jede Verschmutzung des Futters sorgfältig zu vermeiden. Darüber hinaus sind möglichst günstige Entwicklungsbedingungen für die Milchsäurebakterien zu schaffen. Das ist in erster Linie durch die **Wahl eines** nach der chemischen Zusammensetzung und dem Trockensubstanzgehalt **gut geeigneten Ausgangsmaterials** und den vollständigen Luftabschluß des Futterstockes zu erreichen. Die chemische Zusammensetzung des Futters ist deshalb von Bedeutung, weil die Ein- und Mehrfachzucker der Pflanzen die Nahrung der Milchsäurebakterien und damit die Ausgangssubstanz der Milchsäuregärung sind. Der Gehalt an Zucker in den Futterpflanzen bestimmt entscheidend die Intensität und den Umfang der Milchsäuregärung. Darüber hinaus sind in den Pflanzen in unterschiedlichem Maße Inhaltsstoffe enthalten, die der Gärung entgegenwirken. In erster Linie sind das Eiweiße und einige Mineralstoffe. Das Maß für deren Wirkung wird die **Pufferkapazität** genannt. Pflanzen mit niedriger

Pufferkapazität lassen sich gut, mit hoher schlecht silieren. Daraus ergibt sich, daß sowohl die verschiedenen Futterpflanzenarten als auch verschieden gedüngte Partien der gleichen Futterpflanzen unterschiedlich gut zur Silierung geeignet sind. Die Futterpflanzen Mais, Grünhafer, Wiesengras und Grünroggen haben z. B. einen hohen Zuckergehalt und eine niedrige Pufferkapazität. Sie lassen sich gut silieren. Die eiweißreichen Leguminosen, Klee, Luzerne u. a., lassen sich dagegen schlecht silieren.

In Versuchen und aus den praktischen Erfahrungen der Landwirtschaft hat sich gezeigt, daß die Milchsäuregärung bei einem höheren Trockensubstanzgehalt besser verläuft als bei niedrigem. Die unerwünschte Buttersäuregärung wird dagegen gehemmt. Praktisch bedeutet das, daß auch aus schlecht silierbarem Pflanzenmaterial durch **Vorwelken** eine stabile Silage hergestellt werden kann. Je höher der Trockensubstanzgehalt, desto sicherer die Silierung. Bei mittelschwer und schwer vergärbaren Futtermitteln ist deshalb das Anwelken eine einfache Methode zur Sicherung des Erfolges. Da sich stark gewelktes Futter aber schwer verdichten läßt, wird empfohlen, nur bis zu einem Trockensubstanzgehalt von 50 % anzuwelken und das Material zu häckseln.

Bei ungünstiger Witterung kann kein hoher Anwelkgrad erreicht werden. In diesem Falle ist es zweckmäßig, **Silierhilfsmittel** einzusetzen. Für kleinere Mengen Silage sind Melasse oder Zucker sehr gut geeignet. Mengen von 1 bis 2 % werden dem Futter gut verteilt zugesetzt. Melasse kann im Verhältnis 1:1 mit Wasser verdünnt werden, um eine bessere Verteilung zu erreichen. Für die Herstellung größerer Mengen Silage sind als Sicherungszusätze Siliersalze im Handel. Sie werden in Mengen von 0,4 % bis 1 % empfohlen.

Alle Silierhilfsmittel sind möglichst gleichmäßig dem Futter zuzumischen. Beim Einbringen und Häckseln größerer Futtermengen sollten die an den Feldhäckslern der Landwirtschaft befindlichen Dosiergeräte genutzt werden. Falls leicht oder mittelschwer silierbares Futter nicht gehäckselt werden kann, ist die Silierung durch einen erhöhten Zusatz von Siliermitteln und intensiveres Verdichten möglich. Auch der langsame Gasaustausch mit der Umgebungsluft des Silos muß verhindert werden, damit die Silage nicht durch **Nachgärungen während der Lagerung** verdirbt. Rasches und weitgehendes Verdichten des Futters sowie schneller und vollständiger Luftabschluß des Silos sind demnach wichtige Voraussetzungen für die Produktion und Erhaltung hochwertiger Silagen. Beim Nachfüllen des Silos ist darauf zu achten, daß der Behälter erneut an einem Tag bis oben zu füllen, zu verdichten und abzuschließen ist.

Zur Silierung eignen sich in erster Linie Futterpflanzen, die einen hohen Futterwert besitzen, denn auch bei bester Silierung hat das Konservat stets einen niedrigeren Futterwert als das Ausgangsmaterial. Ausreichende Düngung und rechtzeitige Ernte sind deshalb wichtig. Bei den Grünfutterpflanzen schwankt die Silierbarkeit auch innerhalb der gleichen Art. Sie hängt vom Vegetationsstadium, den Düngergaben, der Jahreszeit und der Witterung ab. Die Silierung von Gräsern ist z. B. schwieriger bei sehr jungen und blattreichen Beständen, nach hoher Stickstoffdüngung sowie nach hohen Niederschlägen und Temperaturen.

In der Tabelle 8 wird eine Grobeinschätzung der **Silierbarkeit landwirtschaftlicher Grünfutterpflanzen** gegeben.

In den Landwirtschaftsbetrieben wird die Vergärbarkeit der unterschiedlichen Futterpflanzen je nach Art, Schnittfolge, Stickstoffdüngung und Vegetationsstadium über die Kennzahlen der Vergärbarkeit (Zuckergehalt, Pufferkapazität und Trockensubstanzgehalt) genauer bestimmt.

In Handbüchern (z. B. BEYER u. a. 1978) sind das Verfahren und die Tabellen zur Schätzung eingehend dargestellt. Bei der Produktion größerer Silagemengen sollte unbedingt danach verfahren werden.

Nur leicht silierbare Futtermittel ergeben ohne zusätzliche Sicherungsmaßnahmen gute Silagen. Mittelschwer silierbare Pflanzen sollten nur mit einem Silierhilfsmittel oder

Tabelle 8 Silierbarkeit landwirtschaftlicher Grünfuttermittel (nach BOCK u. a. 1968)

Futtermittel	Silierbarkeit		
	leicht	mittelschwer	schwer
Silomais (teigreif)	+		
Rübenblätter mit Kopf	+		
Grünmais	+	+	
Grünhafer	+	+	
Markstammkohl	+	+	
Kohlabfälle	+	+	
Wrukenblatt	+	+	
Rübenblätter ohne Kopf	+	+	
Sonnenblumen u. Topinambur	+	+	
Wiesengras vor der Blüte	+	+	+
Feldgras	+	+	+
Mähweidegras		+	+
Erbsen, Bohnen, Lupinen, Wicken		+	+
Rotklee und Kleegras		+	+
Hülsenfruchtgemenge		+	+
Grünroggen		+	+
Wickgetreide		+	+
Junges Weidegras			+
Wiesengras nach der Blüte			+
Raps, Rübsen, Senf			+
Leguminosen als Stoppelfrucht			+
Stoppelklee			+
Luzerne und Luzernegras			+

nach Vorwelken siliert werden. Die schwer silierbaren Futtermittel können nur mit hohem Sicherungsaufwand konserviert werden. Für die Jagdwirtschaft scheiden deshalb diese Pflanzen in der Regel als vergärbare Futtermittel aus. Sehr leicht herstellbar und vom Wild gern genommen ist **Apfeltrestersilage.** Auch für andere Obsttrester trifft das zu. Sie hat allerdings mit einem Gehalt von etwa 30 g verdaulichem Rohprotein und rund 4 500 kJ NEFr ($\triangleq$ 450 EFr) je kg Trockensubstanz nur einen sehr geringen Futterwert. Die

Tabelle 9 Beispiele für Apfeltrestermischsilagen als Alleinfutter für Wildwiederkäuer (nach HARTFIEL 1976)

Futtermittel	Sorte		
	I %	II %	III %
Apfeltrester	50	50	74
Zuckerrübenblatt	35	31	–
Heu oder Stroh	7	7	4
Sojaschrot	2	–	–
Biertreber	–	5	20
Mineralstoffmischung	1	1	0,5
Wasserzusatz	5	6	1,5

Verdaulichkeit der Energie beträgt darüber hinaus lediglich 48 %. Die Produktion von Silage für die Erhaltungsfütterung im Winter allein aus diesem Grundstoff ist deshalb unrentabel. Die Mitsilierung von Kraftfutter (Eicheln, Kastanien, Hafer) oder Gras im Verhältnis 1 Teil Apfeltrester zu 2 Teilen Gras ist notwendig. Noch zweckmäßiger ist die Herstellung gehäckselter Mischsilagen mit Apfeltrester als Hauptbestandteil (Tab. 9). Sie sind vollwertige Alleinfuttermittel für alle Wildwiederkäuer. Allerdings müssen die groben Bestandteile gehäckselt und alle Komponenten gut gemischt werden. Durch den hohen Apfeltresteranteil sind sie leicht silierbar. Reine Apfeltrestersilage ohne Kraftfutter- oder Graszusatz ist nur ein gutes Lockfutter zur Anfütterung und für Fänge.

Auch die Triebe der Baumarten und Bodenpflanzen des Waldes oder deren Gemische können siliert werden. Die im Juni bis September geernteten Triebe und Blätter von Buche, Hainbuche, Birke, Aspe, Eiche, Erle, Heidelbeere und Hartriegel sind leicht silierbar. Die anderen Laubbäume, Kräuter und Gräser, auch Brennessel und perennierende Staudenlupine, sind mittelschwer bis schwer silierbar und müssen durch Anwelken und Zusatz von Silierhilfsmitteln gesichert werden. Das grobe Material ist unbedingt zu häckseln, damit es gut verdichtet werden kann. Diese „**Waldsilagen**" sind mit einem hohen Anteil an unverdaulicher Rohfaser belastet und liefern wenig Energie und verdauliches Rohprotein. Ihre Struktur ist gut. Der Gedanke, durch Zusatz von Nadelholzreisig (Kiefer, Fichte) und junger Rinde die Silage für die Wildwiederkäuer verbessern zu können, ist ein Trugschluß. Der Zusatz dieses Materials ist unzweckmäßig, da Eiweiß- und Energiegehalt bereits bei frischen Zweigen und Rinden für die Wildwiederkäuer zu niedrig liegen.

Für die Rehwildfütterung läßt sich das mit dem Handrasenmäher abgeschlagene Material der Grünflächen in Städten und Dörfern nutzen. Es besteht meist aus jungen Gräsern, Weißklee und Kräutern. Nach eintägigem Vorwelken bei trockenem Wetter im Schwad des Rasenmähers kann das Futter in luftdicht verschließbare Fässer oder auch Plastesäcke fest eingetreten werden. Die Beimengung von Erde ist zu vermeiden. 100 bis 200 g Zucker als Sicherungszusatz auf den etwa 20 kg schweren Plastesack sind zweckmäßig. Es ist darauf zu achten, daß der Plastesack nicht von harten Pflanzenteilen durchstochen wird und ein luftdichter Verschluß erfolgt. Bei der Nutzung von Zierrasen in Städten und Dörfern müssen wegen der Infektionsgefahr mit Bandwurmeiern Flächen ausgelassen werden, auf denen Hunde ausgeführt werden. Die Gras-Weißklee-Silage der eigenen Versuche hatte nach der staatlichen Futtermittelprüfung nach 2 Tagen Vorwelkzeit einen Gehalt von 75 bis 80 % Trockensubstanz, 180 g Rohfaser, 100 g verdauliches Rohprotein und 5 550 kJ NEFr (530 EFr) je kg Trockensubstanz. Die Verdaulichkeit der Energie betrug 68 %. Sie wurde in Qualitätsklasse 1 eingestuft.

Für Jagdwirtschaften, die einen größeren Rotwild-, Damwild- oder Muffelwildbestand mit Winterfutter zu versorgen haben, hat sich der Bau von **Massivsilos am Fütterungsort** bewährt. Betonrundsilos von 12 bis 15 m^3 Fassungsvermögen mit Tauchdeckel sind am zweckmäßigsten. Falls kein Tauchdeckel möglich ist, muß mit 0,15 bis 0,20 mm starker

Polyäthylenfolie und einer Erdschicht abgedichtet werden. Bei Plastfolie- und Erdabdeckung ist eine zusätzliche Überdachung notwendig, damit an den Rändern kein Niederschlagswasser eindringen kann. Der Silo soll sich mit mindestens 1/3 seiner Höhe im Erdboden befinden. Das Grundwasser darf den Boden nicht erreichen (Abb. 22). Der Silo ist an einem gut befahrbaren Weg zu bauen. Ein Abfluß für den Sickersaft ist vorzusehen. 1 m³ Siloraum entspricht 7 dt Grassilage, womit 1 Stück Rotwild etwa über 100 Winterfütterungstage versorgt werden kann. Zum Füllen eines 15 m³ fassenden Massivsilos mit Wiesengrassilage ist mit etwa 0,6 ha gut gepflegter und gedüngter Wiese zu rechnen. Die in den meisten Fällen herzustellende Grassilage gelingt am besten im **Betonsilos mittlerer Größe**. Das optimale Verhältsnis von Breite bzw. Durchmesser zur Höhe soll 1:3 betragen. In solchen Behältern ist das Verhältnis von Volumen zu freier Oberfläche günstig, und das Material wird in den unteren Teilen bereits durch den Eigendruck mit verdichtet (Abb. 23).

Für kleinere Silagemengen hat sich die bereits erwähnte Verwendung von **Fässern** aus Sperrholz oder anderem Ma-

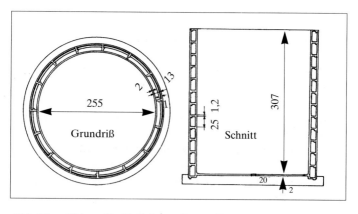

Abb. 22   Skizze für Grünfuttersilo aus Betonsteinen (nach SACKMANN); Fassungsvermögen 15 m³ bzw. 90 ... 120 dt Anwelksilage

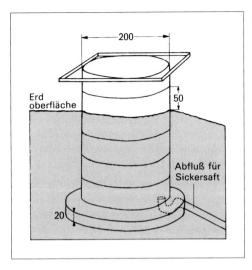

*Abb. 23
Skizze für ein
Silo aus Betonringen mit Holzdeckel
Durchmesser 2 m,
Tiefe 3 m,
Fassungsvermögen 9 m³
bzw. 50 ... 60 dt
Anwelksilage*

terial mit zwei luftdicht verschließbaren Deckeln und 100 l bis 300 l Inhalt bewährt. Die Masse der gefüllten 100-l-Sperrholzfässer beträgt etwa 50 kg. Sie sind dadurch transportabel, die notwendige Menge der Silierhilfsmittel läßt sich leicht berechnen.

Kleinste Mengen Silage bis 20 kg Gewicht können in **Plastiksäcken** erzeugt werden. Sie werden leicht undicht und sind deshalb nur Behelfsmittel.

Behelfssilos (z. B. Erdgruben mit Plasteauskleidung), langgestreckte Fahrsilos, Holzsilos u. a. haben sich in der Regel nicht bewährt. Früher oder später treten erhebliche Futterverluste auf, weil diese Anlagen selten luftdicht abgeschlossen werden können.

Die **Entnahme des Futters** im Winter erfolgt möglichst täglich. Der Futterstock sollte, vor allem bei größeren Zwischenräumen zwischen den Entnahmen, stets wieder dicht abgedeckt werden. Das Gefrieren der Silage hat keinen Einfluß auf die Annahme oder den Gesundheitszustand des Wildes. Durch Abdecken der Silage mit Heu kann das Gefrieren aber auch verzögert werden.

Die **Heuzubereitung** oder natürliche Trocknung ist nach wie vor die verbreitetste Form der Konservierung von Grobfuttermitteln für die Wildfütterung. Der Futterwert des erzeugten Heus wird entscheidend vom Vegetationsstadium beim Schnitt und von den Bedingungen bei der Werbung bestimmt. Weiterhin spielen Lagerungsverluste und allmählicher Nährwertrückgang eine Rolle. Vom Wild wird das Heu nur in ausreichendem Maße genommen, wenn es sehr gute Qualität hat. Der Rohfasergehalt sollte nicht mehr als 30 % betragen. Da durch die Atmung, Auswaschung oder Gärung während der Werbung und Lagerung vorwiegend die leicht verdaulichen Nährstoffe betroffen werden, wird bei der Heubereitung die Rohfaser angereichert. Das Heu hat deshalb stets eine niedrigere Verdaulichkeit als das Grünfutter, aus dem es hergestellt wurde. Die Energiekonzentration und der Gehalt an verdaulichem Rohprotein liegen bereits bei normalen Werbungsbedingungen um 10 bis 20 % unter denen des Ausgangsmaterials. Niedrige Rohfaser- und hohe Proteingehalte werden durch frühe Mahd und durch einen möglichst hohen Gehalt an Leguminosen und Kräutern, z. B. Klee, Löwenzahn u. a., erreicht. Als günstigster **Mahdtermin** sollte das Stadium „vor dem Ährenschieben" bis „Beginn des Ährenschiebens" angestrebt werden. Das ist etwa Ende Mai der Fall. Es ist sinnvoll, auch noch früher zu mähen, wenn für die Trocknung günstige Witterung erwartet werden kann. Bei der Erdbodentrocknung muß das Heu auf der Wiese bis zu einem Restwassergehalt von 20 % getrocknet werden. Da bei ungünstigem Wetter mit sehr hohen Nährstoffverlusten zu rechnen ist, kommt es besonders darauf an, günstige Witterungslagen auszunutzen. Die bei der frühen Mahd geringeren Massenerträge je Flächeneinheit werden durch die bessere Annahme und damit geringere Verluste bei der Fütterung im Winter weitgehend ausgeglichen (s. Tab. 4). Außerdem sind bei der Mahd Ende Mai noch zwei weitere Ernten möglich, Anfang Juli und Ende August. Als Termin für die Heuwerbung sollte deshalb grundsätzlich der Monat Mai geplant werden.

Bei der **Erdbodentrocknung** ist die intensivste Bearbeitung in den ersten Tagen notwendig. Sie beginnt mit dem Ausbreiten oder Zetteln der Mähschwaden. Danach ist das Futter anfangs möglichst mehrmals am Tage zu wenden. Sobald die Blätter so trocken sind, daß sie abzubrechen beginnen, muß die Bearbeitung eingeschränkt werden. Bei günstigem Wetter und Einhalten dieser Technologie kann die Trocknung auf einen Wassergehalt von 20 % nach 3 bis 4 Tagen abgeschlossen werden. Die Energieverluste liegen dann mit etwa 30 % niedrig. Bei schlechtem Wetter können sie bis auf 60 % ansteigen. Blattheu von Futterstoffen, deren Blätter leicht brechen, z. B. Klee, Luzerne u. a. Leguminosen, sollte nicht am Erdboden getrocknet werden.

Bei der **Reutertrocknung** wird das geschnittene Material 1 bis 3 Tage am Erdboden vorgewelkt und dann hängend auf Gerüsten fertig getrocknet. Dadurch werden die Bröckelverluste, besonders bei ungünstigem Wetter, eingeschränkt.

Bei der **Belüftungstrocknung** wird das Grünfutter auf dem Erdboden bis zu etwa 40 % Wassergehalt vorgetrocknet. Danach wird das Material im Lagerraum von unten mechanisch belüftet. Bei höheren Wassergehalten und ungünstigem Luftdurchfluß können hohe Lagerverluste auftreten. Die Gesamtverluste sind etwa so hoch wie bei Bodentrocknung mit gutem Wetter.

Die **Heißlufttrocknung** in Trockenwerken kann wegen der hohen Anlage- und Energiekosten nur für hochwertiges Grünmaterial angewandt werden. Die Gesamtverluste sind bei diesem Verfahren mit etwa 10 % am geringsten.

Der Vorteil der technisch höher entwickelten Verfahren beruht vor allem darauf, daß sie von der Witterung unabhängiger sind und bessere Möglichkeiten zur Senkung der Verluste bieten.

Bei der **Lagerung des Heus** ist zu beachten, daß auch nach der Abtrocknung fermentative Vorgänge und mikrobielle Umsetzungen im Trockengut ablaufen können. Bei einem Wassergehalt von weniger als 15 % sind alle Trockenfuttermittel lagerfähig. Ist allerdings das eingelagerte Pflanzenmaterial noch nicht vollständig abgestorben oder nimmt es während der Lagerung Wasser auf, dann besteht die Gefahr des Verderbens durch Schimmelpilze und der Erwärmung bis zur Selbstentzündung. Vor dem Verderben erfolgt bereits ein stärkerer Nährstoffabbau.

Das Heu nimmt während der Lagerung auch Wasser aus der Luft auf. Diese Aufnahme ist um so größer, je höher die relative Luftfeuchtigkeit ist. In niederschlagsreichen Mittelgebirgen mit vielen Tagen mit hoher Luftfeuchtigkeit kann das Heu deshalb nicht bereits nach der Ernte in offenen Raufen oder Schobern eingelagert werden.

Die aus der Luft aufgenommene Feuchtigkeit und höhere Temperaturen führen bei dieser Lagerung durch Bakterien- und Schimmelpilzbefall zu hohen Nährstoffverlusten und zum Verderb des Futters. In den Randschichten werden diese Verluste durch Auswaschungsvorgänge noch verstärkt. Die Zwischenlagerung des Heues in Scheunen oder zumindest unter geschlossenen Fütterungsdächern ist deshalb im Mittelgebirge unumgänglich. Auch bei guten Lagerungsbedingungen werden die Nährstoffe im Heu ständig abgebaut. Es hat deshalb wenig Sinn, Trockengrobfutter über mehrere Jahre zu lagern.

Das Heu der Leguminosen, vor allem der Kleearten und der Luzerne, hat einen besonders hohen Futterwert. Mit zunehmenden Anteilen an Kleearten im Heu steigt der Eiweiß- und Mineralstoffgehalt, der Rohfasergehalt nimmt ab. Leguminosenheuarten werden vom Wild besonders gern genommen.

Laubheu stellt ebenfalls ein wertvolles Trockengrobfutter dar. Es wird durch Abschneiden der Zweige von Laubbäumen, Sträuchern (z. B. Hartriegel) und von Himbeeren gewonnen. Die Laubzweige können nicht am Erdboden getrocknet werden. Sie sind zu bündeln und luftig unter Dächern aufgehängt zu trocknen. Beim Transport ist darauf zu achten, daß die Blätter als wertvollste Teile nicht abbrechen. Der Arbeitsaufwand für dieses Trockengrobfutter ist hoch. Ausreichende Mengen können meist nicht geworben

werden. Diese Grobfutterwerbung ist deshalb nur für Rehwildreviere mit wenig Winterfütterungstagen zu empfehlen.
Trockengrünfutter, die durch technische Trocknungen hergestellt wurden, sind ebenfalls für die Wildfütterung geeignet. Das Ausgangsmaterial muß sehr gute Qualität haben und zur Senkung der Kosten möglichst vorgewelkt sein. Es kann gehäckselt oder pelletiert bzw. brikettiert hergestellt werden. Wegen der höheren Strukturwirksamkeit ist gehäckseltes oder brikettiertes Trockengrün günstiger. Trockengrünfutter werden aufgrund ihres höheren Futterwertes und der feineren Struktur in größeren Mengen als Heu aufgenommen.
Stroh wird in der Haustierfütterung als Trockengrobfutter mit sehr guter Strukturwirksamkeit eingesetzt. Es kommt als Langstroh oder in gehäckselter Form zur Anwendung. Vom Wild wird es in freier Wildbahn nicht genommen. In der Gehegehaltung von Wild kann es bei Mangel an Heu als Strukturfutter eingesetzt werden. Hafer- und Gerstenstroh guter Qualität, also frei von Schimmelpilzbefall und Verschmutzung, sind geeignet.
Stroh-Konzentratgemische zählen ebenfalls zum Trockengrobfutter. Sie sind entweder Teilfertigfutter- oder Fertigfuttermittel. Die in der ehemaligen DDR zur Fütterung von Rindern verwendeten Grobfutterpellets aus 60 bis 80 % Stroh, 25 bis 15 % Getreideschrot, bis 10 % Zuckerrübendiffusionsschnitzel, 3 % Mineralstoffgemisch und 2 bis 3 % Harnstoff wurden vom Rehwild nicht angenommen. Rot- und Damwild nahmen diese Trockengrobfutter nur bei Zufütterung von Kraftfutter im Verhältnis 2:1 in ausreichender Menge auf. Durch Senkung des Strohanteils auf 30 bis 50 % und Steigerung der Konzentrate (Getreideschrot, Zuckerrübenschnitzel) auf mindestens 40 % sowie Zusatz von Harnstoff und Mineralstoffgemisch konnte ein vollwertiges Fertigfuttermittel produziert werden. Der Pelletdurchmesser betrug 12 mm.
Strohaufschluß durch Natronlauge verschlechterte die Annahme durch Wild (Tab. 10).

Tabelle 10 Rezepturbeispiel für Grobfutterpellets als Fertigfuttermittel für Rot-, Dam- und Muffelwild

Rohstoff	Beispiel		
	1 g/kg	2 g/kg	3 g/kg
Weizen	150	250	230
Gerste	130	220	200
Roggen	100	0	0
Zuckerschnitzel	150	0	100
Melasse	0	60	0
Futterharnstoff	20	20	20
Mineralstoffmischung für Rinder	50	50	50
Getreidestroh	400	400	300
Trockengrün	0	0	100

Ganzpflanzenpellets mit einem Strohanteil bis 40 % können ebenfalls an die Wildwiederkäuer, außer Rehwild, verfüttert werden. Da sie zur Zerkleinerung der Körner gemahlen werden, ist ihre Strukturwirksamkeit gering.

Alle Stroh-Konzentrat-Gemische sind durch ihre Struktur und die Belastung der Ausgangsmaterialien, besonders des Strohes, mit Mikroorganismen leicht verderblich. Es ist darauf zu achten, daß sie ausreichend weit getrocknet sind (880 g/kg bis 920 g/kg TS) und bei der Lagerung keine Feuchtigkeit aufnehmen können. Sie sollten nicht länger als 3 Monate gelagert werden.

Konzentrate und Saftfuttermittel

Als Konzentrate werden die Futtermittel bezeichnet, die durch einen hohen Gehalt an leicht verdaulichen Nährstoffen eine hohe Energiekonzentration (> 6 300 kJ NEFr bzw. > 600 EFr bzw. > 700 StE/kgTS) haben. Auch Futtermittel mit hoher Eiweißkonzentration, z. B. Leguminosensamen, zählen dazu. Bei der Fütterung der Wildwiederkäuer sollten sie wie bei der Haustierfütterung nur zur Ergänzung der Grobfuttermittel eingesetzt werden. Dadurch ist eine bessere Deckung des Energie- und Eiweißbedarfes, die Sicherung der ernährungsphysiologischen Erfordernisse bei den Wiederkäuern und eine insgesamt ökonomische Fütterung zu erreichen. Bei Schwarz-, Feder- und Raubwild bilden die Konzentrate die hauptsächliche Ernährungsgrundlage und damit auch die wichtigsten Futtermittel.

Die für die Wildfütterung besonders wichtigen **Eicheln** und **Kastanien** haben bei richtiger Lagerung im Freien einen Wassergehalt von 40 bis 50 %. Das ist von Vorteil für die Wildfütterung. Auch die Energie- und Rohfasergehalte sind bei Eicheln günstig. Der Eiweißgehalt ist allerdings gering. Eicheln müssen deshalb bei der Wildhaltung in Gattern durch eiweißreiche Futtermittel, z. B. gute Silagen oder Heu,ergänzt werden. Kastanien haben eine geringere Energiekonzentration durch ihre unverdaulichen Schalen. Der Gehalt an verdaulichem Rohprotein ist ebenfalls sehr niedrig, und auch der Rohfasergehalt ist gering.

Bucheckern besitzen die höchste Energiekonzentration sowie einen hohen Eiweiß- und Rohfasergehalt. Für die Wildernährung sind sie das wertvollste Kraftfutter.

Die Getreidekornarten **Mais, Weizen, Roggen, Gerste** und **Hafer** haben alle eine hohe Energiekonzentration. Der Eiweißgehalt ist niedrig, aber besser als bei den Baumfrüchten. Er genügt nur für die Erhaltung der Tiere. Der Rohfasergehalt ist sehr gering. Aus diesem Grund müssen sie den wiederkäuenden Wildarten so angeboten werden, daß sie nicht allein in größeren Mengen geäst werden können. Eine Erkrankung an Pansenazidose ist sonst die Folge. Günstiger ist der Rohfasergehalt mit etwa 10 % bei Haferkörnern, die dadurch vom Wild auch als alleinige Zufütterung vertragen werden. Alle Getreidearten können als Kraftfutteranteil in den Rationen der Wildwiederkäuer oder als Alleinfutter für Schwarz- und Federwild eingesetzt werden. Maiskörner, in größeren Mengen im Spätwinter an Fasanen verfüttert, sollen zur Senkung der Vermehrungsrate führen.

Hirse (Milocorn), Reis und **Buchweizen** sind weitere Futtergetreidearten, die hochwertige Kraftfuttermittel darstellen.

Die fettreichen **Sonnenblumenkerne** haben eine sehr hohe Energiekonzentration, aber auch einen hohen Gehalt an schwer verdaulicher Rohfaser. Sie werden vom Schalenwild nicht angenommen.

Grassamen können als Abfälle der Getreidereinigung örtlich für die Wildfütterung als Kraftfutterreserve von Interesse sein. Wichtigste Voraussetzung für die Verwendung als Futtermittel ist die trockene Gewinnung und Lagerung des Materials. Der Trockensubstanzgehalt muß wie bei Körnergetreide rund 88 % betragen, damit keine Schimmelbildung erfolgen kann. Neben Schimmelpilzen können die Getreidereinigungsabfälle auch tierische Schädlinge und giftige Unkrautsamen enthalten, wodurch sie als Futterstoffe für die Wildwiederkäuer ausscheiden. Sie müssen deshalb vor der Verwendung stets einer staatlichen Futtermittelprüfung unterzogen werden. Die Grassämereien erreichen bis 6300 kJ NEFr ($\triangleq$ 600 EFr), Rohfasergehalte unter 20 % und Gehalte an verdaulichem Rohprotein von 140 g/kg Trockensubstanz. Sie sind demnach Kraftfuttermittel für die Wiederkäuer, wenn die obengenannten Voraussetzungen eingehalten werden. Als Futtermittel zum Beschicken der Schüttungen der Hühnervögel sind sie seit Jahrzehnten bekannt. Bei diesen Wildarten braucht keine Rücksicht auf den Gehalt an Unkrautsämereien und tierischen Schädlingen genommen werden. Verschimmeltes Material ist allerdings ebenfalls ungeeignet.

Auch **Samen von Hülsenfrüchten** (Leguminosen) werden als

Futtermittel verwendet. Bohnen, Erbsen, Süßlupinen und Wicken enthalten neben einem höheren Anteil an Eiweiß auch größere Mengen Stärke. Eiweißkonzentration, Gehalt an verdaulichem Rohprotein und Protein-Energie-Quotient sind deshalb sehr hoch. Sie sind wertvolle Eiweißfuttermittel für landwirtschaftliche Nutztiere und stehen deshalb für die Wildfütterung nur in Ausnahmefällen zur Verfügung. Außer Wicken werden alle gern vom Wild genommen.

Die Getreidekörner und Leguminosensamen sind möglichst geschrotet oder gequetscht anzubieten.

Reste von gebeiztem Saatgut dürfen weder gewaschen noch verschnitten (mit ungebeiztem Getreide gemischt) **verfüttert werden.**

Die **Lagerung** der Samen der Getreidearten und der Leguminosen sowie der Abfälle der Getreidereinigung (Grassamen) erfolgt am besten gut getrocknet (88 % Trockensubstanz) unter geschlossenen Dächern bis zur Verwendung im Herbst und Winter. Ausreichend getrocknet und gut gelagert können sie auch länger als 6 Monate aufgehoben werden.

Eicheln und Kastanien sind auch durch ihren Wassergehalt von 40 bis 50 % wertvoll für die Wildfütterung. In diesem Zustand können sie sogar vom Rehwild gekaut werden und müssen nicht geschrotet sein. Bei falscher Lagerung schimmeln sie leicht und werden unbrauchbar.

In größeren Haufen gelagert, können durch Schwitzen bei der Nachreife Temperaturen bis 70 °C entstehen, die die Früchte schädigen. Eicheln, Kastanien und Bucheckern dürfen deshalb nicht in Säcken aufbewahrt werden. Am besten können Eicheln und Kastanien durch **Lagerung im Freien** frisch gehalten werden. Die Lagerhöhe darf 20 cm nicht überschreiten. Es muß ein- bis zweimal monatlich umgeschaufelt werden. Angeschlagene oder zerdrückte Kastanien verschimmeln besonders rasch. Sie sollten ausgelesen und sofort verfüttert werden. Fester Untergrund unter der Lagerstelle, z. B. Betonplatten, aber auch vorher geglätteter

Erdboden erleichtern das Um- und Einschaufeln. Diese Mietenlagerung kann auch direkt im Revier erfolgen, wenn kein Schwarzwild vorhanden ist oder die Lagerfläche schwarzwildsicher eingezäunt werden kann. Schutz gegen die anderen Wildarten, auch Eichhörnchen und eventuell Mäuse, durch Umzäunung und Abdeckung ist meist notwendig. Vor dem Einwintern kann das Lager mit Stroh oder Laub schwach abgedeckt werden. Auf Holzböden von Schuppen können die Früchte ebenfalls 20 bis 30 cm hoch aufgeschichtet werden. Sie sind hier aber mit Sand oder Torf zu mischen und ab und zu gegen das Austrocknen mit Wasser zu überbrausen. Auch hier muß mindestens einmal monatlich umgeschaufelt werden.

Alle anderen Lagermöglichkeiten, in Erdmieten, in Eichelhütten, speziellen Eichelbehältern, durch Einlegen in Fässer mit Salzwasser usw., sind aufwendiger.

Bei der Silierung von Apfeltrestern in speziellen Silos oder Fässern bieten sich die Mitsilierung von Eicheln und Kastanien an. Diese werden gut verteilt, nicht schichtweise, im Verhältnis 1 Teil Früchte zu 2 Teilen Apfeltrester sofort mit eingestampft. Bei fachgerechter Ausführung, besonders vollem Luftabschluß, ist die Mischsilage ohne weitere Maßnahmen bis in den Winter haltbar und stellt ein fast vollwertiges Alleinfutter dar.

Die Hackfrüchte **Futterrüben, Zuckerrüben, Topinamburknollen, Kartoffeln, Kohlrüben** und **Mohrrüben** werden ebenfalls zu den Konzentraten gerechnet. Ihr Trockensubstanzgehalt hat eine Energiekonzentration über 6 300 kJ NEFr ($\triangleq$ 600 EFr). In der Jagdwirtschaft werden die Hackfrüchte wegen ihres hohen Wassergehaltes auch noch als „Saftfutter" bezeichnet. Sie sind an Fütterungen, die nicht neben fließendem, ständig offenem Wasser gebaut sind, unabdingbare Bestandteile der vollwertigen Fütterung der wiederkäuenden Schalenwildarten im Winter. Auch an Hühner- und Fasanenfütterungen sind halbierte Futterrüben wertvolles Saftfutter. Die Hackfrüchte werden in der oben gewählten Reihenfolge vom Wild angenommen, sind aber untereinander ersetzbar. Am ökonomischsten ist die Fütterung von Futterrüben. Die Hackfrüchte werden am besten am Fütterungsort in speziell dafür gebauten Rübenkellern oder in Mieten gelagert. Der Mietenplatz muß wilddicht eingezäunt und die Miete durch 20 bis 30 cm tiefes Ausheben der Erde und Abdecken mit Reisig-, Stroh- und Erdschichten gegen Frost geschützt werden (Abb. 24).

Am längsten lagerfähig sind die Futterrüben. In Kellern oder gut angelegten und geschützten Mieten ist das bis April möglich. Auch Futterkartoffeln sind ähnlich lange lagerfähig. Nährstoffverluste von 20 bis 30 % sind über diese lange Zeit allerdings auch bei guter Einmietung unvermeidlich. Bei Zuckerrüben setzen bereits ab +5 °C Fäulnispro-

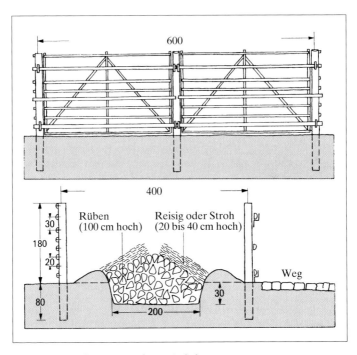

Abb. 24   Rübenmietenplatz mit Schutzzaun,
nach UECKERMANN 1986

zesse ein. Diese Knollen sind deshalb nur kürzere Zeit, maximal bis Januar, lagerfähig. Zuckerrüben dürfen in der Miete auch nicht zu zeitig abgedeckt werden. Sie faulen sonst sehr rasch. Es genügt, sie mit Stroh oder Reisig nur bei stärkerem Frost zu schützen.

Trockenschnitzel von Zuckerrüben oder Kartoffeln zählen ebenfalls zu den Kraftfuttermitteln und können wie Getreidekörner eingesetzt werden. Ihr Rohfasergehalt ist mit weniger als 5 % sehr gering. Bei fehlerhafter Fütterung (plötzliche und zu hohe Gaben) besteht bei den Wiederkäuern die Gefahr der Pansenazidose.

Die **Mischfuttermittel** der landwirtschaftlichen Tierproduktion sind hochwertige Kraftfutter. Sie wurden ganz speziell für die rationelle Fütterung der landwirtschaftlichen Nutztiere, z. B. bei den Wiederkäuern zur Ergänzung der Grobfutterrationen, entwickelt. Ihr ökonomischer Einsatz ist nur nach der jeweiligen Fütterungsanweisung möglich. Im Spezialfall, etwa bei der Gatterhaltung von Damwild, können sie entsprechend der Fütterungsanweisung für Haustiere auch an die verwandten Wildarten verfüttert werden, z. B. Mischfuttermittel für Rinder und Schafe an Rot-, Dam-, Muffel- und Rehwild oder Putenfutter an Fasane. Mit der „Grundmischung für Kälber", entsprechend der Fütterungsanweisung mit 2 Teilen geschrotetem Getreide gemischt, wurden bei der Gatterhaltung von Rehen sehr gute Erfolge erreicht. Auch Milchaustauschfutter kann in der Wildkälberaufzucht eingesetzt werden. Die Fütterungsanweisung ist sinngemäß zu beachten. Alle Mischfuttermittel sind nur 3 Monate in kühlen und trockenen Räumen lagerfähig. Für die Fütterung des Wildes in freier Wildbahn zum Erhalt im Winter sind die Mischfuttermittel zu wertvoll.

Die meisten Nebenprodukte, Rückstände oder Abfälle der Lebensmittelindustrie zählen aufgrund ihrer hohen Gehalte an Energie oder Eiweiß auch zu den Konzentraten für die Tierfütterung. Bei der Getreide- und Hülsenfruchtverarbeitung fallen **Futtermehle** und **Kleien** an. Ihre Zusammensetzung und Verdaulichkeit hängt in erster Linie vom Ausmahlungsgrad ab. Von den Futtermehlen über die Kleien zu den Schälkleien nimmt der Rohfasergehalt zu, der der Energie aber ab. Der Gehalt an Eiweiß und an Vitaminen des B-Komplexes ist meist höher als der der Ausgangsgetreidekörner. In Fütterungsversuchen mit Rotwild wurde Weizenkleie im Vergleich mit grob geschroteten Getreidekörnern nur in ganz geringem Maße angenommen. Futtermehle und Kleien sollten deshalb nicht allein oder lose an Wild verfüttert werden. Sie sind wertvolle Bestandteile zur Herstellung von Mischfuttermitteln.

Rückstände der Ölfruchtverarbeitung sind **Ölkuchen, Expeller** oder **Extraktionsschrote.** Die Ölkuchen enthalten noch 5 bis 10 % Fett, die Expeller 3 bis 5 % und die Extraktionsschrote unter 1 %. Durch ihren hohen Gehalt an Rohprotein sind fast alle eiweißreiche Kraftfuttermittel. An Mineralstoffen enthalten sie reichlich P, K und Mg. Je nach Schalenanteil kann der unverdauliche Rohfasergehalt hoch sein. Die Rückstände der Rapsarten können außerdem senfölhaltige Glukoside enthalten, die den Geruch und Geschmack negativ beeinflussen.

Importierte Ölfruchtrückstände, z. B. **Soja-** und **Sesamextraktionsschrote,** haben viel Protein mit hoher biologischer Wertigkeit sowie Kalzium und Phosphor in größeren Mengen und günstigem Verhältnis zueinander. Sie sind hochwertige Eiweißfuttermittel. Rapsextraktionsschrot, Erdnußexpeller, Sojaschrot und Mischfutter mit Extraktionsschrot wurden vom Rotwild und Damwild nicht oder nur in ganz geringen Mengen angenommen. Alle Rückstände der Ölfruchtverarbeitung sollten deshalb nur nach eingehenden Futteranalysen in geringen Prozentsätzen als Bestandteile von Mischfuttern eingesetzt werden.

Produkte der Zuckerindustrie sind **Futterzucker, Zuckerrübenschnitzel, Diffusionsschnitzel, Melasse, Melasseschnitzel** und **Steffenschnitzel**. Diffusionsschnitzel fallen nach dem Auslaugen des Zuckers mit einem Trockensubstanzgehalt von etwa 15 % an. Diese Naßschnitzel werden teilweise sofort an Rinder verfüttert oder einsiliert, da sie im nassen

Zustand rasch verderben. Vom Rotwild wurden Naßschnitzel frisch ebenfalls genommen, aber in geringeren Mengen als Zuckerrüben, Futterrüben und Kartoffeln. Auch getrocknete Diffusionsschnitzel können mit Wasser aufgequollen verfüttert werden.

Melasse hat etwa 80 % Trockensubstanz, die zu etwa 50 % aus Zucker besteht.

Steffenschnitzel sind geschnitzelte, unvollständig ausgelaugte und getrocknete Zuckerrüben. Sie enthalten etwa 30 % Zucker.

Alle Produkte der Zuckerindustrie sind leicht verdaulich und können deshalb außer an Wiederkäuer auch an Schwarzwild als Kraftfutter in geringen Mengen verfüttert werden. Sie sind wertvolle Bestandteile für Mischfutter oder Sicherungszusätze bei der Silierung schwer vergärbarer Futtermittel.

Produkte der Stärke- und Gärungsindustrie, z. B. **Kartoffelpülpe, Getreidekleber, Futterhefe, Schlempen** und **Treber** sind ebenfalls wertvolle Kraftfuttermittel. Kartoffelpülpe ist kohlenhydratreich und muß durch eiweißreiche Futtermittel ergänzt werden. Alle anderen genannten Produkte sind dagegen eiweißreich. In der Wildfütterung sollten deshalb alle nur nach Futteranalysen als Bestandteil für Mischfutter verwendet werden. Bei Versuchen mit Damwild wurden frische Biertreber als Saftfutter zu Trockenfutter allen anderen Saftfuttermitteln vorgezogen. Es ist zu beachten, daß dieses Futtermittel infolge des hohen Wassergehaltes sehr rasch säuert und schimmelt, wodurch schwere Verdauungsstörungen bei den Tieren hervorgerufen werden können.

Rückstände der Obstsaft- und Weinherstellung werden oft zur Wildfütterung verwendet. Das trifft besonders für Apfeltrester zu. Sie bestehen aus Schalen, Kernen und Fruchtfleischresten. Ihr Futterwert ist wegen des hohen Rohfaser- und niedrigen Proteingehaltes gering. Ihre Eignung als Grobfutter für Wild wurde im Kapitel „Grobfuttermittel", Silagen, behandelt.

Futtermittel tierischer Herkunft fallen bei der Verarbeitung tierischer Rohstoffe an. Sie zeichnen sich durch einen hohen Gehalt an Eiweiß guter Qualität sowie an Mineralstoffen, vor allem Kalzium und Phosphor, aus. In der Haustierhaltung werden sie als Eiweißfuttermittel für Schweine, Geflügel und Hunde sowie in den Mischfuttermitteln für diese Tierarten eingesetzt. Sie sind auch für die gleichen oder verwandten Wildarten brauchbar.

Von den Milchprodukten kommen nur frische **Kuh-, Schaf-** oder **Ziegenmilch** für die Aufzucht der Kälber und Kitze von Rot-, Dam- oder Rehwild in den ersten Lebensmonaten in Frage. Die Kuhmilch enthält nur etwa die Hälfte an Milchfett und Eiweiß der Milch der Wildarten und des Hausschafes. Sie sollte deshalb zur Aufzucht von Wildtieren mit Kondensmilch auf 6 bis 10 % Fettgehalt angereichert werden. Da die arteigene Muttermilch das beste Futter für die Jungtiere ist, sind Muffelwildlämmer möglichst mit Schafmilch aufzuziehen. Schaf- und Ziegenmilch haben eine ähnliche Zusammensetzung wie die Milch der Wildarten.

Nebenprodukte der Milchverarbeitung, z. B. **Magermilch, Buttermilch** oder **Molke** können für die Wildfütterung kaum eingesetzt werden.

Weitere Produkte von Tieren, wie Blut-, Fleisch-, Knochen-, Tierkörper- und Fischmehl, werden heute ausschließlich in Mischfuttermitteln für Schweine und Geflügel verarbeitet. Dem Rotwild vorgelegtes Tierkörpermehl wurde völlig abgelehnt. Auch Mischfuttermittel, die Produkte von Tieren enthielten, wurden ungern angenommen.

Futterzusätze

Futterzusätze dienen der Ergänzung des Grundfutters der Haustiere mit Mineralstoffen, Vitaminen, Antibiotika oder Stickstoff. Bei der Wildfütterung in Gehegen sind sie zum Erreichen hoher Leistungen ebenfalls notwendig. Bei der Fütterung in freier Wildbahn können nachgewiesene Mangelsituationen in der Versorgung der Tiere, z. B. Spurenelementmangel, durch sachgemäßen Einsatz von Futterzusätzen ausgeglichen werden. Aus ökonomischen und technischen Gründen sind die Futterzusätze als Mischfutterbestandteile anzubieten.

Mineralstoffmischungen dienen der Gesunderhaltung und Leistungssteigerung. Mit regelmäßigen Gaben der im Handel erhältlichen Mischungen ist die optimale Versorgung der Tiere mit allen lebensnotwendigen Mengen- und Spurenelementen möglich. In Gebieten mit nachgewiesenem Mangel an einem oder mehreren spezifischen Elementen können Spezialmischungen notwendig werden.

Für Wildtiere in freier Wildbahn hat der Mineralstoffmangel durch die Möglichkeit der freien Nahrungsauswahl keine so hohe Bedeutung. Im Winter ist mit Phosphor- und Natriummangel zu rechnen. In bestimmten Gebieten kann Kupfer- oder Manganmangel bestehen. Es empfiehlt sich deshalb, auch die Wildwiederkäuer, besonders das gegen Kupfermangel empfindliche Muffelwild, im Winter zusätzlich mit Mineralstoffen zu versorgen. In derartigen Mangelgebieten wird am besten ein kupfer- und manganreiches Mineralstoffgemisch für Rinder eingesetzt. Es wird am zweckmäßigsten als 3- bis 5%iger Zusatz zu pelletierten Mischfuttern oder zum geschroteten, zumindest gequetschten Kraftfutter angeboten. Es kann auch versucht werden, das Mineralstoffgemisch mit Getreideschrotzusatz in überdachten Trögen direkt zu füttern, wie es bei Rindern ausgeführt wird. Bei einer Versuchsfütterung während des Sommerhalbjahres im Gatter wurde davon allerdings nichts angenommen. Durch Erhöhung des Getreideschrotanteils war eine verbesserte Annahme zu erreichen.

Mineralstoffmischungen für Geflügel können bei der Fütterung von Fasanen, Hühnern und Enten eingesetzt werden. Die Fütterungsempfehlungen nach Tabelle 11 sind zu beachten. Die Mineralstoffgemische für Geflügel sind in Futtergemische oder Weichfutter einzumischen. Alle Mineralstoffmischungen sind 9 Monate lagerfähig, mit 20% Getreidezusatz nur 6 Monate. Zur besseren Mineralstoffversorgung dienen auch **Salzlecksteine.** Sie werden mit Spurenelementzusatz an-

Tabelle 11 Fütterungsempfehlungen für Mineralstoffmischungen für Geflügel und Kleintiere (nach RÖHNISCH, KNAPE und BECKER 1987, ergänzt)

		G 13	G 54	KT 69
Legehennen, Zuchthühner	(g/Tier u. Tag)	5–10		
Zuchtenten, Zuchtgänse	(g/Tier u. Tag)	10–20		
Fasane	(g/Tier u. Tag)	2–4		
Tauben, Rebhühner	(g/Tier u. Tag)	1–3		
Küken	(g/kg Futtergemisch)		20–25	
Junghennen, Jungputen	(g/kg Futtergemisch)		15–20	
Enten, Gänse, Rauhfußhühner	(g/kg Futtergemisch)		25–30	
Hühnerküken, 1.-8. Lebenswoche	(g/10 Tiere u. Tag)			3–15
Junghennen, 9.-21. Lebenswoche	(g/Tier u. Tag)			1–2
Enten, 1.-10. Lebenswoche	(g/Tier u. Tag)			1–5
Gänse, 1.-16. Lebenswoche	(g/Tier u. Tag)			1–8
Kaninchen	(g/Tier u. Tag)			3–12
Hunde (nach Körpergröße)	(g/Tier u. Tag)			1–10
Rehe, Ziegen, Muffel, Schafe, Damwild (nach Körpergröße)	(g/Tier u. Tag)			5–12

geboten. Die Tiere werden dadurch im wesentlichen nur mit Natrium versorgt. Der Anteil der aufgenommenen Spurenelemente ist gering.

Nicht-Protein-Stickstoff-Verbindungen (NPN-Verbindungen) haben Bedeutung in der Rinderfütterung erlangt. Die Wiederkäuer sind in der Lage, durch die im Pansen befindlichen Bakterien den anorganischen Stickstoff der NPN-Verbindungen in körpereigenes Eiweiß umzubilden.

Harnstoff und **Ammoniak** kommen zum Einsatz. Der Harnstoff wird bei der Silierung von Mais in Mengen von 0,5 % dem Einfüllgut zugesetzt oder in industriell hergestellten

Mischfuttermitteln in einem Anteil von 2 bis 3 % verarbeitet. Ammoniak wird zur Anreicherung von Zuckerrübendiffusionsschnitzeln in den Zuckerfabriken genutzt. Die mit Harnstoff versehenen pelletierten Mischfutter und die ammonisierten Diffusionsschnitzel wurden bei Tharandter Versuchen auch an die Wildwiederkäuer verfüttert. Die Annahme durch Rot-, Dam- und Muffelwild war gut.

Wirkstoffmischungen für Rinder, Kälber, Mastschweine, Sauen, Ferkel, Geflügel und Kleintiere sind im Handel. Es sind Vitamin- und Antibiotika-Mischungen, die bei der vollen Stallhaltung oder Aufzucht der Tiere ohne Milch notwendig sind. Da bei Wildtieren in freier Wildbahn kaum Vitaminmangelerscheinungen zu erwarten sind, ist der Einsatz der Wirkstoffmischungen nicht notwendig. Das kann aber bei der künstlichen Aufzucht oder der Haltung von Wild für Versuchszwecke erforderlich werden. Die Wirkstoffmischungen für Kälber oder Rinder sind, umgerechnet auf die entsprechenden Körpergewichte, für die Wiederkäuer unter den Wildarten einsetzbar, die für Ferkel oder Sauen für die Frischlinge oder Bachen, die für Geflügel für Fasane, Rebhühner und Wildenten und die für Kleintiere für alle kleinen Wildarten. Die Fütterungsanweisungen sind zu beachten.

Bewertung der Futtermittel

Für jede tierartgerechte und ökonomische Fütterung sind Kenntnisse über den Futterwert der eingesetzten Futtermittel und den Futterbedarf der Tiere eine zwingende Voraussetzung. Die einheimischen Wildarten haben gleiche oder nahe verwandte Arten unter den Haustieren, und die meisten Futtermittel werden mit landwirtschaftlichen Methoden produziert oder von landwirtschaftlichen Betrieben aufgekauft.

Die Übernahme der in der Landwirtschaft angewandten Methoden der Futterbewertung für die Wildfütterung ist bereits aus diesen Gründen sinnvoll. Darüber hinaus wurde durch ernährungsphysiologische Untersuchungen nachgewiesen, daß sich einzelne Wiederkäuerarten, z. B. Damwild und Hausschafe, in der Verdauung rohfaserreicher Futtermittel nicht wesentlich unterscheiden und daß vorhandene Differenzen durch Anpassung an das jeweils zur Verfügung stehende Futter ausgeglichen werden können.

Generelle Unterschiede liegen offenbar nicht vor, und in der Praxis sind die Differenzen ohne Bedeutung. Zur Fütterung der Wildarten können deshalb die für die verwandten Haustiere entwickelten Futterbewertungssysteme übernommen werden.

Futterenergie

Von den Bewertungssystemen für die Futterenergie erlangte das Stärkewertsystem OSKAR KELLNERS in der Vergangenheit die höchste Bedeutung. Er setzte den bei der Fettmast ausgewachsener Tiere erzielten Energieansatz dem Nettoenergiegehalt der Futtermittel gleich und benutzte als Maßeinheit bei Wiederkäuern die **Stärkeeinheit (StE)**, also die Nettoenergie von 1 g verdaulicher Stärke.

Für die Rindermast wird in den alten Bundesländern bis heute am Stärkewertsystem festgehalten.

In der ehemaligen DDR wurde 1970 ein neues System der Futterbewertung eingeführt. Es baute auf der Methodik KELLNERS und den wissenschaftlichen Arbeiten des Oskar-Kellner-Instituts für Tierernährung Rostock auf (SCHIEMANN u. a. 1971).

Die Energie der Futterstoffe wurde anhand ihres Fettbildungsvermögens, also der vom Tier in Fett umgewandelten Nettoenergie (Nettoenergie-Fett/NEF) in kcal bestimmt, d. h., eine Futtermenge hat den energetischen Futterwert von 1 kcal NEF, wenn durch sie bei der Fettmast ausgewachsener Tiere unter standardisierten Bedingungen ein Zuwachs an Körperenergie von 1 kcal erzeugt wird. 2,5 kcal (10,46 kJ) Nettoenergie-Fett, gemessen am Rind, wurden in Rostock als eine **Energetische Futtereinheit-Rind (EFr)** festgelegt. Damit sollte die Anwendung in der praktischen Fütterung und der Übergang vom Stärkewertsystem auf das neue System erleichtert werden.

Für gemischte, vollwertige Rationen für Wiederkäuer entspricht 1 EFr in der Größenordnung 1 g-Stärkewert. Die Zahlenangaben in der Fütterung der Wiederkäuer bleiben damit im Größenordnungsbereich des Stärkewertsystems. Für die Bewertung der einzelnen Futtermittel trifft das allerdings nicht zu, denn Kraftfutterstoffe werden nach dem Stärkewertsystem überbewertet und Rauhfutterstoffe, besonders Stroh und Spreu, stark unterbewertet. Für die meisten Grünfutterstoffe und ihre Konservate ist das Verhältnis zwischen g-Stärkewert und EFr im Durchschnitt aber 1. Die Nettoenergie-Fett für Rinder bzw. die Energetische Futtereinheit für Rinder gilt in der Landwirtschaft für die Mast der Wiederkäuer (s. Tab. 12).

Für die Fütterung der Milchkühe wurde in den alten Bundesländern das System Nettoenergie-Laktation (NEL) eingeführt. Der Nettoenergiegehalt der Futtermittel wird dabei aus der erzielbaren Menge an Milchenergie abgeleitet, nicht aus dem Fettansatzvermögen. Das NEL-System wurde aber

Tabelle 12 Faktoren für die näherungsweise Umrechnung von StE in EFr (nach SCHIEMANN u. a. 1971)
Berechnungsformel: EFr = g-StW · Faktor

Futtermittelart	Faktor
Getreide	0,88
Leguminosen	0,88
Knollen und Wurzeln	0,92
Milch und Milchprodukte	0,92
Grünfutterstoffe	1,00
Trockengrünfutter	1,00
Grünfuttersilagen	1,00
Nebenprodukte der Müllerei	1,00
Silage von Knollen und Wurzeln	1,08
Rückstände aus der Zuckerfabrikation	1,08
Ölfrüchte	1,12
Heu	1,24
Stroh	1,84
Spreu	1,84

nur zur Futterbewertung und Erstellung von Fütterungsnormen für Milchkühe und, der Einfachheit halber, Jungrinder eingeführt. Für die Rindermast wird am StE-System, also dem Nettoenergie-Fett-System, festgehalten (Deutsche Landwirtschafts-Gesellschaft 1982).
Für die Fütterung der Wildwiederkäuer Rotwild, Damwild, Muffelwild, Rehwild u. a., die in erster Linie nur in der Notzeit durchgeführt wird und nicht während der Laktation, dürfte die Beibehaltung des Systems Nettoenergie-Fett (Energetische Futtereinheiten oder Stärkeeinheiten) richtig und zweckmäßig sein.
Zur Bewertung der Futterenergie für die Tierarten Schwein und Huhn wird ebenfalls das Nettoenergie-Fett-System angewandt. Der energetische Futterwert ist von der Tierart abhängig.
Durch den anders gearteten Ablauf der Verdauungsvorgänge wird beim Schwein und Huhn die Energie der meisten Futtermittel höher verwertet als bei den Wiederkäuern.

Tabelle 13 Faktoren für die näherungsweise Umrechnung von GN in EFs (nach Schiemann u. a. 1971)
Berechnungsformel: EFs = g-GN · Faktor

Futtermittelart	Faktor
Grünfutterstoffe	0,77
Trockengrünfutter	0,77
Grünfuttersilagen	0,77
Spreu	0,77
Knollen und Wurzeln	0,80
Silagen von Knollen und Wurzeln	0,80
Rückstände aus der Zucker- und Stärkefabrikation	0,80
Körner und Samen	0,86
Nebenprodukte der Müllerei	0,86
Futtermittel tierischer Herkunft	0,89

Deshalb wurden in Rostock 3,5 kcal (14,65 kJ) Nettoenergie-Fett, gemessen an Schwein und Huhn, als eine **Energetische Futtereinheit-Schwein (EFs)** und eine **Energetische Futtereinheit-Huhn (EFh)** festgelegt. Dadurch wurden die Energetischen Futtereinheiten der verschiedenen Tiergruppen für Gesamtberechnungen addierbar. In der Landwirtschaft wurde bei der Fütterung die EFs für Schweine, Kaninchen und Pelztiere, die EFh für alle Geflügelarten und Fische angewandt. In der Wildfütterung können analog die EFs für Schwarzwild, Hasen und Kaninchen, die EFh für Fasane, Rebhühner und Stockenten genutzt werden.

In den alten Bundesländern wird für diese Tierarten das **Gesamtnährstoff(GN)-System** angewandt, in dem der Gesamtnährstoff aus dem Gehalt an verdaulichen Nährstoffen berechnet wird. Die Koeffizienten der verdaulichen Nährstoffe sind in beiden Systemen unterschiedlich und die Auswirkungen auf die energetische Werteinschätzung zum Teil erheblich (Tab. 13). Im großen Durchschnitt kann aber bei der Nutzung von Normen des GN-Systems zur Umrechnung in Energetische Futtereinheiten für Schweine (EFs)

mit dem Faktor 0,84 und für die Umrechnung in Energetische Futtereinheiten für Hühner mit 0,88 gerechnet werden (SCHIEMANN u. a. 1971).
Die eigenen Versuche und Futterwertanalysen wurden in der ehemaligen DDR nach dem Rostocker Energiebewertungssystem ausgeführt. Alle Normen sind deshalb im Nettoenergie-Fett-System angegeben. Zur leichteren Umrechnung in das StW- oder GN-System werden im Kopf aller Tabellen die Umrechnungsformeln abgedruckt.
Der Energiebedarf der Wildarten und der energetische Futterwert einer bestimmten Futtermenge sind in den gleichen Kennzahlen anzugeben. Die gleichzeitige Benutzung verschiedener Maßeinheiten ist nicht möglich. Die tierartbezogene Verwendung der Energetischen Futtereinheit ist grundsätzlich zu beachten, da bei vielen Futtermitteln erhebliche Abweichungen zwischen den Gehalten an EFr und EFs bestehen. Die energetischen Futterwerte können den Tabellen 21 und 22 bzw. Prüfattesten von Futtermittelprüfstellen entnommen werden. Beim Aufsuchen aus den Futtermitteltabellen ist besonders bei Grobfuttermitteln, z. B. Heu, eine gute Vorauswahl zu treffen, um eine möglichst hohe Übereinstimmung der Tabellenwerte mit dem gegebenen Futtermittel zu erreichen. Das Vegetationsstadium, die Pflanzenzusammensetzung, der Erntezeitpunkt usw. haben großen Einfluß auf den Futterwert.
Wesentlich genauere Werte liefern Futtermittelanalysen von Prüfstellen. Diese Möglichkeit sollte vor allem bei der Konservierung oder dem Ankauf größerer Futtermengen, z. B. Silage oder Heu, genutzt werden.
Als **Energiekonzentration (EK)** wird die Menge an NEF, EF oder StE je kg Futtertrockensubstanz bezeichnet. Sie ist ein wichtiger Weiser für die Qualität der Futtermittel. Wegen des begrenzten Aufnahmevermögens der Tiere an Futtertrockensubstanz kann über die Energiekonzentration die Leistung beeinflußt werden. Hohe Leistung verlangt eine hohe Energiekonzentration der Ration. Das trifft besonders für die Wiederkäuerfütterung, z. B. zur Steigerung der

Milchproduktion, zu. Bei der Wildfütterung kann durch Erhöhung der Energiekonzentration eine Verbesserung der Aufnahme von Grobfuttermitteln, eine Senkung des Bedarfs an Konzentraten und die Ablenkung von den Wirtschaftsbaumarten erreicht werden. Zweckmäßige agrotechnische Maßnahmen bei der Produktion und Konservierung von Silagen und Heu sichern eine hohe Energiekonzentration (Abschnitt „Grobfuttermittel", Tab. 4).

Die **Verdaulichkeit der Energie** (VE), angegeben in Prozent, ist besonders wichtig bei der Berechnung des für das Tier ausnutzbaren Energiegehaltes von Wiederkäuerrationen. Während bei den Nichtwiederkäuern, z. B. dem Schwein, der energetische Futterwert von Rationen durch die Summierung der energetischen Futterwerte der einzelnen Futtermittel errechnet werden kann, ist das bei den Wiederkäuern nicht immer der Fall. Es bestehen Wechselbeziehungen zwischen der Zusammensetzung der Ration und den physiologischen Prozessen im Pansen. Ein Maß dafür ist die Verdaulichkeit der Energie. Die Höhe der Verdaulichkeit der Ration entscheidet darüber, ob der aus den einzelnen Futtermitteln berechnete Futterwert von den Tieren ausgenutzt werden kann oder nicht. Voll ausgenutzt wird die aus den Einzelkomponenten berechnete Energie bei einer Verdaulichkeit zwischen 67 und 80 %.

Sinkt die VE der Gesamtration unter 67 %, ist die Ausnutzung gemindert, und die berechnete Menge des energetischen Futterwertes muß mit den in Tabelle 14 angegebenen Faktoren korrigiert werden.

Mit dieser Berechnung kann kontrolliert werden, ob die erforderliche Energieversorgung durch die aufgenommene Futtermenge auch gewährleistet ist.

Die natürlichen Äsungspflanzen im Wald haben meist eine sehr niedrige Verdaulichkeit der Energie (Tab. 5 bis 7). Es ist deshalb bei der Wildfütterung wichtig, hochwertige Futtermittel zu gewinnen und einzusetzen, damit die Verdaulichkeit der Energie der Gesamtration möglichst nahe an 67 % herankommt. Sonst entstehen unvertretbar hohe zu-

Tabelle 14 Korrekturfaktoren zur Berechnung des Gehaltes an EFr in Abhängigkeit von der Verdaulichkeit der Energie der Futterration (nach BEYER u. a. 1980)

Verdaulichkeit der Energie der Ration %	Korrekturfaktor f	Verdaulichkeit der Energie der Ration %	Korrekturfaktor f
> 80,0	1,00 (ungünstige Struktur)	57,0 ... 58,9	0,91
		55,0 ... 56,9	0,89
		53,0 ... 54,9	0,87
67,0 ... 80,0	1,00	51,0 ... 52,9	0,84
65,0 ... 66,9	0,97	50,0 ... 50,9	0,82
63,0 ... 64,9	0,96	49,0 ... 49,9	0,80
61,0 ... 62,9	0,95	48,0 ... 48,9	0,78
59,0 ... 60,9	0,93		

sätzliche Energieverluste durch die Verschlechterung der Energieverwertung bei den Tieren. Futtermittel mit niedriger Verdaulichkeit können in begrenzten Mengen mit hochverdaulichen Futtermitteln gemischt werden, wenn die Verdaulichkeit der Gesamtration 67 bis 80 % nicht wesentlich unterschreitet. Das gilt in verschärftem Maße für Rehwild, das nach den wenigen vorliegenden Forschungsarbeiten offenbar nur Futterrationen mit hoher Verdaulichkeit der Energie (> 80 %) voll verwerten kann.

Eiweiß und sonstige Inhaltsstoffe

Die bedarfsgerechte Versorgung mit Eiweiß ist neben der Energiezuführung der wichtigste Grundsatz der Fütterung von Tieren. Bei der Winterfütterung des Wildes tritt die Eiweißversorgung meist in den Hintergrund. Sie erlangt aber hohe Bedeutung, wenn nicht nur die Erhaltung der Tiere und die Wildschadenverhütung angestrebt werden, sondern gleichzeitig eine Leistungssteigerung in der Wildbret- und Trophäenerzeugung erreicht werden soll.

Der **Gehalt an Eiweiß** in den Futtermitteln und der Bedarf der Tiere werden in g verdaulichem Rohprotein (g vRP) angegeben. Bei der Fütterung der Schweine und Hühner bzw. des Schwarz- und Federwildes müssen die Eiweißgehaltsangaben des Futters und die Proteinbedarfsnormen noch durch den Gehalt bzw. Bedarf an den lebensnotwendigen Aminosäuren Lysin sowie Methionin und Zystin ergänzt werden. Diese sind ebenfalls in g angegeben.

Die **Proteinkonzentration** (vRPK) wird, analog der Energiekonzentration, in g verdauliches Rohprotein je kg Trockensubstanz errechnet. Diese Maßangabe ist notwendig, um in Mischfuttermitteln oder bei der Fütterung von Tieren, die das Futter nach Belieben aufnehmen können (ad libitum-Fütterung), ein günstiges Verhältnis zwischen Eiweiß und Energie in der aufgenommenen Futtermenge zu erreichen. Ein zu hoher Verbrauch der wertvollen Eiweißfuttermittel kann dadurch vermieden werden.

Die Berechnung des **Protein-Energiequotienten** (PEQ) dient dem gleichen Zweck und ermöglicht, das richtige Verhältnis zwischen Eiweiß und Energie bei der Rationszusammenstellung zu finden.

Er wird aus dem Gehalt des Futters an verdaulichem Rohprotein in Gramm, dividiert durch den Gehalt an Energie in Kilo-Energetischen Futtereinheiten, berechnet.

$$PEQ = \frac{vRP\,(g)}{kEF}$$

Die Protein-Energiequotienten bedarfsgerecht zusammengestellter Rationen liegen zwischen 100 und 200. Für die Erhaltungsfütterung bzw. die Deckung des Winternormalbedarfs für Wild im Freien genügt ein PEQ von 100. Ein PEQ von 150 bis 200 ist bei hohen Leistungen, z. B. während der Säugezeit oder des Geweihschiebens, notwendig. Eine Unterschreitung des angegebenen Bereiches führt zu Eiweißmangelsituationen. Überschreitungen bedeuten ökonomische Verluste, da Eiweißfuttermittel teuer sind und energetisch schlechter verwertet werden als Energiefuttermittel.

Die **Gehalte an Mineralstoffen, Vitaminen und sonstigen Wirkstoffen** sind weitere Kennzahlen der Futtermittelbewertung. Sie werden in g oder mg je kg Trockensubstanz angegeben. Während diese Kennzahlen für die Fütterung in freier Wildbahn meist ohne größere Bedeutung sind, ist bei Stall- oder Gatterhaltung die Deckung des Bedarfs an Mineralstoffen und anderen lebensnotwendigen Wirkstoffen Voraussetzung für die Erhaltung der Leistungsbereitschaft und Fruchtbarkeit der Tiere und damit für den Erfolg der Fütterung.

Einsatz der Futtermittel und Futterrationen

Der Einsatz der Futtermittel muß stets unter Beachtung des Bedarfs der Tiere an Energie, verdaulichem Rohprotein, sonstigen Nährstoffen, lebensnotwendigen Mineral- und Wirkstoffen sowie der der Tierart entsprechenden Futterstruktur erfolgen.

Die Tiere müssen auch ein für die mechanische Sättigung ausreichendes Futtervolumen erhalten. Da das Aufnahmevermögen begrenzt ist, bleibt bei zu voluminösen Futtermengen mit geringen Nährstoffgehalten die Versorgung unvollständig. Es ist zu beachten, daß jeder notwendige Futterwechsel, besonders bei den Wiederkäuern, langsam und in Etappen vollzogen wird, um Verdauungsstörungen und damit Leistungsrückgänge oder Konditionsschwächungen zu vermeiden.

Alle Tiere sind demnach mit vielseitig zusammengesetzten, ihren Nähr- und Wirkstoffansprüchen entsprechenden Futterrationen zu versorgen, deren einzelne Komponenten bekömmlich und schmackhaft sind.

Der Nahrungsbedarf des Wildes ist von der Tierart, dem Alter, dem Geschlecht, der Körpermasse und der Leistung sowie den Umwelteinflüssen abhängig. Die Berücksichtigung aller Einflußfaktoren und die Berechnung des Bedarfs für ein Einzeltier in freier Wildbahn sind nicht möglich und für Praxisbedingungen auch nicht notwendig. Die Futtermengen werden deshalb zweckmäßigerweise auf ein Tier mit durchschnittlicher Körpermasse bezogen. Bei den Wildwiederkäuern wurden diese durchschnittlichen Körpermassen aus nach Altersstruktur- und Geschlechterverhältnis normal aufgebauten Wildpopulationen berechnet.

Sie sind im Kapitel „Natürliche Nahrung und Nahrungsbedarf der Wildarten" (s. Seiten 49 – 73) bei den Tierarten angegeben.

Raubwild

Eine Fütterung des Raubwildes in freier Wildbahn ist unter mitteleuropäischen Jagdverhältnissen nicht üblich.
An Luderplätzen und Kirrungen werden Wildaufbrüche oder veterinärmedizinisch freigegebene Tierkörper aus der Geflügelhaltung eingesetzt. Die Verwendung von Küchenabfällen und Kadavern von Haustieren ist wegen einer möglichen Seuchenübertragung verboten.
Für die Ausbildung der Jagdhunde ist örtlich die Haltung von Füchsen und Dachsen an Schliefenanlagen notwendig. Zum Füttern der Füchse eignen sich am besten Tierkörper aus der Geflügelhaltung. Die Genehmigung des zuständigen Tierarztes muß vorliegen. Die toten Hühner werden mit Federn, Knochen und Eingeweiden verfüttert. Dadurch ist gewährleistet, daß neben der Energie auch die lebensnotwendigen Aminosäuren, Fettsäuren, Vitamine und Mineralstoffe zugeführt werden. Futterfleisch aus Abdeckereien oder von Schlachthöfen ist ebenfalls geeignet. Beim alleinigen Verfüttern von Fleisch kommt es leicht zu einer chronischen Proteinüberdosierung und einem zu hohen Phosphorangebot. Um eine ausgewogene Ration zu erhalten, ist deshalb das reine Fleisch durch Nährmittel, z. B. Reis, Haferflocken, sowie Gemüse, z. B. Blumenkohl, und die „Wirkstoff-Mineralstoff-Mischung für Kleintiere" zu ergänzen. Die Ration soll etwa die Zusammensetzung von 40 ... 60 % Fleisch, 25 % Nährmittel, 20 % Gemüse und 2 % Mineralstoffmischung haben. Fleisch, Nährmittel und Gemüse sind zu kochen. Das Gemüse kann auch durch Obst, wie reife Kirschen, Pflaumen, Birnen oder überreife Äpfel, ersetzt bzw. ergänzt werden. Insgesamt ist als Erhaltungsbedarf für einen Fuchs mit etwa 0,5 kg Frischsubstanz zu rechnen. Bei Leistungen, z. B. Einsatz in der Schliefenanlage, Aufzucht von Jungtieren, Haltung im Winter im Freien, ist die Ration bis zur doppelten Menge zu erhöhen. Die Füchse können auch mit den Fertigfuttermitteln für Hunde ernährt werden. Bei Trockenfuttermitteln ist mit ei-

nem Erhaltungsbedarf von 250 bis 300 g, bei Leistung mit 500 bis 600 g zu rechnen. Das Trockenfutter muß in Wasser aufgequollen werden. Von Konservenfeuchtfutter erhält ein Tier je Tag 500 bis 600 g zur Erhaltung bzw. etwa 1000 g bei Leistung. Sind in den Fertigfuttermitteln keine Vitamine enthalten, müssen 1,5 % der „Wirkstoff-Mineralstoff-Mischung für Kleintiere" zugesetzt und untergemischt werden. Zur Fütterung des Dachses liegen keine wissenschaftlich begründeten Normen vor. Die Ration kann gleich zusammengesetzt sein wie beim Fuchs. Ein größerer Anteil an Nährmitteln, Gemüse und Obst ist zweckmäßig. Aufgrund der höheren Körpermasse ist mit etwa der doppelten Futtermittelmenge zu rechnen. Allen Raubwildarten sollte auch ab und zu junges, frisch gemähtes Wiesengras in den Zwinger gegeben werden.

Schwarzwild

Bei der Fütterung des Schwarzwildes muß zwischen Ablenkfütterung, Winterfütterung in freier Wildbahn und Fütterung in Gattern unterschieden werden.

Bei der **Ablenkfütterung** wird durch Ausbringen von Mais, Eicheln, minderwertigen Kartoffeln oder Getreideabfällen versucht, das Wild in seinen Einständen im Wald zu halten und vom Besuch der Felder abzulenken. BRIEDERMANN (1986) rechnet mit etwa 0,5 kg Mais oder anderem Futtermittel je Tier und Tag. Da es sich hier lediglich um das Ausbringen gern genommener Futtermittel zur Anlockung handelt, wird der tatsächliche Energie-, Eiweiß- und Wirkstoffbedarf nicht berücksichtigt.

Die **Winterfütterung** des Schwarzwildes ist in Jahren mit strengen Wintern und fehlender Mast notwendig. Als Saftfutter kommen Kartoffeln, Futterrüben, Zuckerrüben, Topinamburknollen, Eicheln und gute Silagen in Frage. Von den Trockenfuttermitteln sind Körner von Mais, Weizen, Gerste und Roggen geeignet. Sehr gutes, rohfaserarmes Trockengrün, Ganzpflanzenpellets mit Rohfasergehalten um 20 % und pelletierte Rauhfuttermittel mit mehr als 40 % Getreide und weniger als 20 % Rohfaser werden ebenfalls vom Schwarzwild genommen. BRIEDERMANN (1986) empfiehlt, bei der Winterfütterung in freier Wildbahn je Stück Schwarzwild 0,6 kg Futtertrockensubstanz mit 50 g verdaulichem Eiweiß und etwa 7000 kJ Nettoenergie-Fett für Schweine (≙ 500 EFs) einzusetzen. Das entspricht knapp 50 % des Normalbedarfs eines Stückes, wenn man 50 kg Körpermasse als Durchschnitt der Population annimmt.

Bei der **Fütterung in Gehegen oder Gattern** muß dem Schwarzwild, wenn Wildäcker oder Wiesen fehlen, der volle Bedarf zugeführt werden. Er beträgt etwa 1 bis 1,5 kg Futtertrockensubstanz mit 100 bis 150 g verdaulichem Rohprotein und 10 000 bis 18 000 kJ NEFs (700 bis 1200 EFs) je Tier (50 kg KM) und Tag.

Die lebensnotwendigen Aminosäuren Lysin und Methionin plus Zystin sollen zu etwa je 5 g in der Ration enthalten sein. Zur Deckung dieses Bedarfs ergeben sich die in Tabelle 15 zusammengestellten Rationsbeispiele.

Die Getreidekörner sind grob zu schroten, größere Hackfrüchte zu zerstoßen. Dem Futter ist die Mineralstoffmischung für Schweine mit 35 g Phosphor in Mengen von 30 g je Tier und Tag bzw. 3 % im Futtergemisch zuzusetzen. In den meisten Beispielen ist der Gehalt an hochwertigem Eiweiß zu gering. Das ist besonders zu beachten, wenn die Tiere eine Leistung (Trächtigkeit, Laktation, Wachstum) erbringen sollen oder über längere Zeit im Gehege gehalten werden. Die Zufütterung von Eiweißfuttermitteln ist dann unumgänglich. Dazu eignet sich das in der Mischfutterindustrie hergestellte „Eiweißkonzentrat für Schweine (EKS)", das zu den Rationen aus Hackfrüchten und Eicheln oder Getreide zugegeben werden kann. Für Tiere bis 50 kg Körpermasse ist zur vollen Versorgung eine Tagesgabe von 200 g vorzusehen, die grundsätzlich mit Getreide zu vermischen ist. Auch die weiteren Mischfuttermittel für Hausschweine können, den Fütterungsanweisungen entsprechend, an Schwarzwild in Gehegen verfüttert werden. Das

Tabelle 15 Beispiele für Futterrationen für 1 Stück Schwarzwild (50 kg KM) je Tag

Futtermittel	FS kg	TS kg	Energie EFs	vRP g	Lysin g	Meth. + Zystin g	PEQ	EK
1. Futterrüben	6,0	0,84	532	39	2,5	1,4		
Eicheln	1,0	0,60	390	18				
	7,0	1,44	922	57	2,5	1,4	62	640
2. Kartoffeln, roh, 16 % Stärke	2,0	0,43	307	19	1,8	0,8		
Eicheln	2,0	1,20	780	36				
	4,0	1,63	1087	55	1,8	0,8	50	667
3. Zuckerrüben, roh	3,0	0,70	480	17	1,7	0,5		
Wiesengras-Anwelksilage, hochwertig	2,0	0,70	326	92				
	5,0	1,40	806	109	1,7	0,5	135	576
4. Topinambur	4,0	0,86	586	45				
Trockengrün, Rotkleegras, 1. Schnitt vor der Blüte	1,0	0,90	395	106				
	5,0	1,76	981	151			154	557

5. Kartoffeln, roh, 16 % Stärke	4,5	0,98	701	43	4,0	1,9	
Mais	0,6	0,53	418	45	1,6	2,1	
	5,1	1,51	1119	88	5,6	4,0	79 740
6. Futterrüben	6,0	0,84	532	39	2,5	1,4	
Gerste, Weizen oder Roggen	0,8	0,70	525	53	3,0	2,4	
	6,8	1,54	1057	92	5,5	3,8	87 686
7. Kartoffeln, roh, 16 % Stärke	7,0	1,52	1087	67	6,2	2,9	62 715

(1 EFs = 3,5 kcal bzw. 14,65 kJ NEFs ≈ 0,84 g-GN)

trifft auch für die „Ferkelaufzuchtfutter" zu, die an speziellen Frischlingsfutterplätzen als Zusatz- oder Alleinfutter für die Frischlingsaufzucht verwendet werden können. Die Futtergaben je Tier sind den Fütterungsanweisungen zu entnehmen.
Unbedenkliche, vom Tierarzt freigegebene Tierkörper aus Geflügelhaltungen können ebenfalls als hochwertige Eiweißfuttermittel an Schwarzwild verfüttert werden. Die Tiere nehmen sie mit Federn, Eingeweiden und Knochen restlos auf. Mit etwa 500 g je Stück Schwarzwild (50 kg KM) und Tag ist zu rechnen.

Hase und Kaninchen

Die Fütterung der Hasen ist besonders in strengen Wintern mit hohem oder verharschtem Schnee zweckmäßig. Sie kann auch zur Erhaltung der Hasenbestände in Feldgebieten angewandt werden, in denen bei bestimmten Fruchtfolgen im Winter große Flächen brachliegen.
Entsprechend der natürlichen Äsung, die zu etwa 90 % aus leicht verdaulichen Pflanzen mit einem Wassergehalt von 80 bis 90 % besteht, muß die Winterfütterung mit hochwertigen, wasserreichen Futtermitteln erfolgen. Zuckerrüben, Kohlrüben, Futterrüben, Topinamburknollen, Mohrrüben, Äpfel, Kartoffeln und winterharte Kohlarten sind sehr gut geeignet. Die Rüben müssen möglichst kleingeschnitten werden. Gut angenommen werden auch Apfeltrester-Haferkörner-Silage, gedämpfte, eingesäuerte Kartoffeln, Möhrentrester und Grassilage. Sicherlich sind auch andere Obsttrester, gemeinsam mit Haferkörnern siliert, geeignet. Für diese liegen noch keine Erfahrungen oder Literaturberichte vor. Das Gefrieren des Saftfutters ist ohne Bedeutung. Empfindlich sind die Hasen gegen verdorbenes Futter. Es sollte deshalb immer nur so viel ausgebracht werden, wie an 2 bis 3 Tagen, im längsten Fall innerhalb einer Woche, aufgenommen wird. Das Saftfutter kann durch gutes Luzerne-, Klee- oder Laubheu ergänzt werden. Grasheu wird

nicht angenommen. Dessen Rohfasergehalt ist zu hoch und der Eiweißgehalt zu gering. Die Hasen können auch mit Proßholz angelockt und zur Überbrückung von Notzeiten versorgt werden. Geeignet sind Obstbaumverschnitt, besonders von Apfelbäumen, sowie Zweige der Aspe, Salweide, Kopfweide, Ahorn, Weißbuche, Robinie und Esche. Das Proßholz wird sehr gern genommen. Die Knospen und die Rinde reichen aber nicht zur Versorgung der Hasen über längere Zeit. Dazu sind die aufnehmbare Menge und der Nährstoffgehalt zu gering.

Zum Saftfutter können geringere Mengen Weizenkörner, Gerste, Hafer, Roggen, Felderbsen und pelletierte Kaninchen- sowie Versuchstiermischfutter angeboten werden.

Bei der Winterfütterung wird mit dem Ausbringen kleiner Futtermengen begonnen und je nach dem Verzehr die ausgebrachte Menge gesteigert. In der Literatur wird angegeben, daß je Hase und Tag mit einem Verbrauch von 100 bis 150 g Futter zu rechnen ist.

Nach Fütterungsversuchen mit im Käfig gehaltenen Hasen beträgt aber der tägliche Frischfutterbedarf je Tier etwa

Abb. 25
Proßholz, Knospen und Rinde der Laubbäume ist in strengen Wintern Notnahrung für Hasen
(Foto: MAIER/Silvestris)

500 g, was 180 g Trockensubstanz mit 1800 kJ NEFs (120 EFs) und 30 g vRP entspricht. Bei voller Fütterung über einen längeren Zeitraum ist deshalb mit den zuletzt angegebenen Werten zu rechnen. Die Fütterung der Wildkaninchen kann mit den gleichen Futtermitteln wie beim Hasen erfolgen.

Rehwild

Bei der Fütterung der Wildwiederkäuer zum Zweck der Deckung des Winterbedarfs und zur Wildschadenverhütung in Notzeiten hat die Zusammenstellung bedarfsgerechter Rationen eine besonders hohe Bedeutung. Stimmen einzelne, wichtige Komponenten mit dem Bedarf der Tiere nicht überein, z. B. ungenügender Wassergehalt, zu geringer oder zu hoher Rohfasergehalt, unzureichende Struktur, dann kann bereits dieser Umstand zu erhöhten Wildschäden führen.

Da die Wildwiederkäuer daran angepaßt sind, den größten Teil des notwendigen Wassers mit der Äsung aufzunehmen, muß bei voller Fütterung stets ein Teil des Futters als Saftfutter gereicht werden. Ist das nicht der Fall, entstehen bereits infolge Wassermangel Schäden an den Baumbeständen. Der Wassergehalt der Futterration muß insgesamt mindestens 50 % betragen, da die Triebe der Bäume etwa 50 % Wasser enthalten. Für die Fütterung der Wildwiederkäuer sind in erster Linie einwandfreie Grobfuttermittel, z. B. gute Silagen oder hochwertiges Heu, einzusetzen. Voraussetzung für deren ausreichende Annahme ist, daß sie in einer Ration gemeinsam mit anderen Komponenten angeboten werden, um eine möglichst hohe Energiekonzentration zu erreichen. Allein verfüttert enthalten sie zu wenig Energie, bzw. zur Deckung des Energiebedarfs reicht das Aufnahmevermögen nicht aus. In der Tabelle 16 werden Richtwerte zur täglichen Aufnahme von Futterkonservaten durch das Rehwild gegeben.

Für die Winterfütterung ist es ausreichend, die Ration über

Tabelle 16 Richtwerte zur täglichen Aufnahme von Futterkonservaten durch 1 Stück Rehwild (20 kg KM)

Futtermittel	Frischsubstanz		Trockensubstanz	
	Richtwerte kg	Höchstwerte kg	Richtwerte kg	Höchstwerte kg
Silagen (gute Qualität)				
Apfeltrester (22 % TS)	0,5	1,0	0,1	0,2
Rotklee	0,6	1,1	0,2	0,4
(vor der Knospe, 35 % TS)				
Zuckerrübenblatt (17 % TS)	0,6	1,2	0,1	0,2
Trockengrobfutter				
Kleeheu	0,2	0,4	0,2	0,3
Rotklee-Trockengrün	0,3	0,5	0,3	0,4
Wiesengrasheu (hochwertiger Bestand, vor dem Ährenschieben, sehr gut)	0,1	0,1	0,1	0,1
Konzentrate				
Eicheln	0,8	1,0	0,4	0,5
Kastanien	0,9	1,0	0,5	0,6
Futterrüben	2,1	2,8	0,3	0,4
Zuckerrüben	1,2	1,2	0,3	0,3
Getreidekörner	0,4	0,6	0,3	0,5
Mischfutter	0,4	0,6	0,3	0,5

das Angebot an Trockensubstanz und Energie aus dem Futter, verglichen mit dem Bedarf der Tiere, zusammenzustellen. Die Forderungen nach der Energiekonzentration des Futters, dem Protein- und dem Rohfasergehalt sind zu beachten (s. Tab. 3). Rehwild nimmt als Konzentratselektierer eine Sonderstellung unter den Wildwiederkäuern ein. Hoher Energie- und Eiweiß- sowie geringer Rohfasergehalt sind die Voraussetzung für die Annahme der Futtermittel. Eine ganze Reihe von Grobfuttermitteln scheiden deshalb für die Fütterung aus, und die Futterrationen müssen eine andere Zusammensetzung als bei den übrigen einheimi-

Tabelle 17 Beispiele für Futterrationen für 1 Stück Rehwild (20 kg KM) je Tag
(1 EFr = 2,5 kcal bzw. 10,47 kJ NEFr ≈ 1 StE)

Futtermittel	FS kg	TS kg	Energie EFr	vRP g	RFa %	EK EFr/kg	PEQ
1. Kleeheu, 1. Schnitt vor der Blüte, gut	0,2	0,2	100	23			
Eicheln	0,7	0,4	291	17			
	0,9	0,6	391	40	12	652	102
2. Wiesengrasheu, vor dem Ährenschieben, hochwertig	0,1	0,1	54	7			
Eicheln	0,7	0,4	291	17			
	0,8	0,5	345	24	16	690	70
3. Wiesengrasheu, vor dem Ährenschieben, hochwertig	0,1	0,1	54	7			
Futterrüben	2,8	0,4	260	19			
	2,9	0,5	314	26	11	628	83
4. Wiesengrasheu, vor dem Ährenschieben, hochwertig	0,2	0,2	114	26			
Zuckerrüben	1,2	0,3	209	8			
	1,4	0,5	323	34	15	646	105

5. Apfeltrester-Silage	1,0	0,2	90	6			
Haferkörner	0,3	0,3	206	30			
	1,3	0,5	296	36	16	538	122
6. Apfeltrester-Silage	1,0	0,2	90	6			
Kastanien	0,8	0,4	230	19			
	1,8	0,6	320	25	12	533	78
7. Zuckerrübenblatt Silage, gut-	1,2	0,2	98	20			
Eicheln	0,5	0,3	218	13			
	2,7	0,5	306	33	13	612	108
8. Eicheln	0,9	0,5	360	24	13	720	67
9. Haferkörner	0,6	0,5	344	51	11	688	147

*Abb. 26
Bei Schneehöhen
über 20 cm leidet das
Rehwild Not
(Foto: DANEGGER/
Silvestris)*

schen Wildwiederkäuern haben. Bis zu Schneehöhen um 15 bis 20 cm, bei denen das Wild durch Freischlagen an die natürliche Bodenäsung gelangen und Wasser schöpfen kann, können auch Rationen aus trockenen Futtermitteln allein gefüttert werden. Wasser zum Schöpfen sollte direkt neben jeder Fütterung vorhanden sein. Auch Silagen guter und sehr guter Qualität, die in Rohfasergehalt, Energiekonzentration und Proteingehalt dem Bedarf des Wildes entsprechen, können allein gefüttert werden.

Bei Rehwild ist es ausnahmsweise auch möglich, Konzentratfuttermittel allein und aus Futtermagazinen anzubieten. Sie müssen aber durch ihre Schalen oder Spreu einen Mindestrohfasergehalt bzw. eine gewisse Struktur haben. Das trifft für Eicheln (13 % RFa), Kastanien (6 % RFa) und Hafer (11 % RFa) zu. Alle anderen Konzentrate, z. B. Mais, Weizen usw., sind wegen der Gefahr der Pansenazidose dafür nicht geeignet. Vielfältig zusammengesetzte Rationen wirken sich stets positiv auf die Futteraufnahme, auf die Verminderung der Wildschäden und die Futterökonomie aus (s. Tab. 17, Seiten 130/131).

Die in der landwirtschaftlichen Tierhaltung eingesetzten

Konzentratmischfutter für Rinder und Schafe können in kleineren Mengen auch an Rehwild verfüttert werden. Das Milchviehmischfutter (M II), das Kälberaufzuchtfutter (KA), das Lämmeraufzuchtfutter (LA) und das Lämmermastfutter (LM) sind als Fertigfutter geeignet. Auch die Grundmischung für Kälber (GK) kann mit 1 Teil gequetschter Gerste und 1 Teil geschrotetem Hafer vermischt angeboten werden. Den Tieren muß zu allen Konzentratfuttermitteln stets gutes, strukturiertes Grobfutter bzw. natürliche Äsung zur freien Aufnahme zur Verfügung stehen. Sie sind mit kleinen Gaben daran zu gewöhnen. Mit einem Verbrauch von 0,5 kg Trockensubstanz Konzentratfuttermittel je Reh (20 kg KM) und Tag ist zu rechnen.

Rot-, Dam- und Muffelwild

Die für Rehwild beschriebenen allgemeinen Grundsätze der Rationsgestaltung für Wiederkäuer gelten in gleichem Maße für Rot-, Dam- und Muffelwild. Bei diesen Arten ist besonderer Wert auf eine gute Struktur und einen optimalen Rohfasergehalt um 20 % zu legen, da sie besonders an die Grobfutteraufnahme angepaßt sind (s. Kap. „Natürliche Nahrung und Nahrungsbedarf der Wildarten").

Die Energiekonzentration von 5200 kJ NEFr (500 EFr) je kg TS garantiert bei den meisten Futterrationen für diese Wildarten eine ausreichende Aufnahme von Trockensubstanz zur Pansenfüllung und Deckung des Winternormalbedarfs an Energie. Da durch die Winterfütterung nur das Ernährungsgleichgewicht aufrecht erhalten werden soll, wurden als Bedarfsmengen im Rationsgehalt die niedrigsten Werte an verdaulichem Rohprotein aufgenommen. Sollen höhere Leistungen, z. B. größere Geweihgewichte, erreicht werden, muß die Energiekonzentration und der Gehalt an verdaulichem Rohprotein erhöht werden. Die Versorgung der Tiere mit Mineral- und Wirkstoffen ist bei kurzen Fütterungszeiten und teilweiser Nutzung natürlicher Äsung in freier Wildbahn ohne wesentliche Bedeutung.

Tabelle 18 Richtwerte zur täglichen Aufnahme von Futterkonservaten durch 1 Stück Rotwild (100 kg KM)

Futtermittel	Frischsubstanz		Trockensubstanz	
	Richtwerte kg	Höchstwerte kg	Richtwerte kg	Höchstwerte kg
Silagen (gute Qualität)				
Gras (20 % TS)	2,5	5,0	0,5	1,0
Gras (40 % TS)	2,5	3,8	1,0	1,5
Mais (20 % TS)	2,5	5,0	0,5	0,8
Rübenblatt (17 % TS)	3,0	4,7	0,5	0,8
Trockengrobfutter				
Gras (Kaltlufttrocknung)	0,6	1,2	0,5	1,0
Heu (Bodentrocknung)	0,4	0,8	0,3	0,7
Rotklee-Trockengrün	0,9	2,0	0,8	1,8
Konzentrate				
Eicheln, Kastanien (frisch)	1,0	3,0	0,5	1,5
Getreide, Mischfutter	0,6	1,7	0,5	1,5
Reinigungsabfälle (Grassamen)	0,5	1,0	0,4	0,9
Futterrüben	3,5	7,0	0,5	1,0
Zuckerrüben	2,0	2,0	0,5	0,5
Grobfutter-Konzentrat-Gemische				
„Winterfutter Rotwild" (40 % Strohanteil)	1,2	2,0	1,0	1,7
Strohpellets (70 % Strohanteil)	0,6	1,2	0,5	1,0

Wird die Fütterung über längere Zeit durchgeführt, ist der Mineralstoffbedarf der Tiere durch Zugabe von Mineralstoffmischungen für Rinder in Mengen von 3 bis 5 % zur Futterration abzusichern. Es ist auch möglich, den Konzentratanteil der Ration durch ein Mischfuttermittel für Rinder oder Schafe zu ersetzen. In diesen industriell hergestellten Mischfuttermitteln sind die notwendigen Mineralstoffe in optimaler Höhe enthalten. Die zusätzliche Gabe einer Mineralstoffmischung entfällt dann. Milchviehmischfutter und das Rinderintensivmastfutter sind geeignet.

In Tabelle 18 werden Richtwerte zur täglichen Aufnahme von Futterkonservaten durch Rotwild gegeben. Sie wurde nach den eigenen Versuchen an Rot- und Damwild sowie den Erfahrungen bei der Rinderfütterung (BEYER u. a. 1980) aufgestellt.

Tabelle 19 bringt Beispiele von möglichen Futterrationen für 1 Stück Rotwild je Tag. Die Trockensubstanz-, Nährstoff-, Energiegehalte usw. sind den Futtermitteltabellen oder der Tabelle 21 bzw. den Prüfattesten der Futtermittel direkt zu entnehmen. Bei der Zusammenstellung von Futterrationen für Wiederkäuer muß die Verdaulichkeit der Energie der Gesamtration (VE %) beachtet werden. Sie darf nicht unter 67 % liegen, sonst verschlechtert sich die Verwertung der verdauten Energie in den Tieren. Die Verdaulichkeit der Energie der Gesamtration wird durch Multiplikation der Trockensubstanz mit der VE der einzelnen Futtermittel, Addition und Division durch die Gesamtmasse an Trockensubstanz berechnet. Liegt die VE der Gesamtration unter 67 %, ist der Energiegehalt mit den entsprechenden Korrekturfaktoren der Tabelle 14 zu multiplizieren. Das trifft in Tabelle 19 für die Ration 6 zu. Die auswertbare Energiemenge reduziert sich für dieses Beispiel unwesentlich. Es zeigt aber, welche hohe Bedeutung der rechtzeitigen Mahd und qualitätsgerechten Konservierung des Grobfutters, z. B. des Wiesengrasheus in den Beispielen 2 und 3, zukommt. Das Heu wird in den angegebenen Mengen nur aufgenommen und verwertet, weil in der Ration leicht verdauliche Futterstoffe mit angeboten werden (Tab. 19).

Für Dam- und Muffelwild können die gleichen Rationszusammensetzungen gewählt werden. Die Massenanteile sind den geringeren Bedarfswerten (Tab. 3) entsprechend umzurechnen. Als Alleinfutter für Rot-, Dam- und Muffelwild sind nur gute Silagen mit Rohfasergehalten um 30 %, das sind Kleegras-Anwelksilagen, Maissilagen, Misch- und

Abb. 27 Vielseitige Rationen müssen allen Tieren in ausreichender Anzahl von Fütterungseinrichtungen angeboten werden (Foto: RAUCH/Silvestris)

Abb.29 Silagen oder Trockengrün können aus Magazinen und Futtertischen angeboten werden (Foto: MEYERS/Silvestris)

Abb. 28   Hackfrüchte können breitwürfig am Boden ausgebracht werden (Foto: LANGE)

Tabelle 19 Beispiele für Winterfutterrationen für 1 Stück Rotwild (100 kg KM) je Tag
(1 EFr = 2,5 kcal bzw. 10,47 kJ NEFr ≈ 1 StE)

Futtermittel	FS kg	TS kg	Energie EFr	vRP VE %	RFa g	EK g/kgTS		PEQ
1. Wiesengras-Anwelksilage, 1. Schnitt, Beginn Ährenschieben	3,0	1,1	580	65	113			
Eicheln, frisch	1,0	0,5	365	78	22	276	584	144
	4,0	1,6	945	69	135			
2. Futterrüben	2,0	0,3	195	87	14			
Wiesenheu, mittlere Qualität	0,7	0,6	270	55	36			
Kastanien, frisch	2,0	1,0	570	68	48	152	544	94
	4,7	1,9	1035	67	98			
3. Zuckerrüben	2,0	0,5	350	90	14			
Wiesenheu	0,7	0,6	270	55	36			
Kastanien	1,5	0,8	450	68	38	150	563	82
	4,2	1,9	1070	70	88			
4. Maissilage, frisch, Milchwachsreife	3,0	0,7	410	70	26			
Wiesenheu	0,7	0,6	270	55	39			
Getreide oder Reinigungsabfälle	0,7	0,5	390	86	39	214	594	94
	4,4	1,8	1070	69	104			

5. Futterrüben	2,0	0,3	195	87	14			
„Winterfutter Rotwild" (40 % Stroh, 50 % Getreide, 5 % Melasse, 5 % Wirkstoffe)	2,0	1,7	898	69	214			
	4,0	2,0	1093	72	228	164	546	209
6. Wiesengras-Silage, frisch, Beginn Ährenschieben	4,0	0,8	410	62	76			
„Winterfutter Rotwild"	1,4	1,2	630	69	150			
	5,4	2,0	1040	66	226	239	520	217
7. Futterrüben	2,0	0,3	195	87	14			
Strohpellets (70 % Stroh)	1,2	1,0	500	61	123			
Mais oder Getreide	0,4	0,3	236	86	23			
	3,6	1,6	931	71	160	160	581	171

Waldsilagen, geeignet. Das alleinige Angebot von Konzentraten, z. B. Getreidekörnern, Rüben, Zuckerrüben, Abfalläpfeln und Konzentratmischfuttern der Landwirtschaft, führt zu verstärkten Wildschäden an den Wirtschaftsbaumarten und Pansenazidose bei den Tieren. Die alleinige Vorlage von Heu verursacht ebenfalls Wildschäden und Fallwildverluste durch Unterernährung.

Federwild

Das Federwild nimmt in erster Linie hochwertige energie- und eiweißreiche Nahrung auf. Die Futterrationen müssen deshalb je nach Zweck der Fütterung auf diese Komponenten des Futters ausgerichtet sein.

Bei der **Winterfütterung** genügt es, zur Ergänzung oder Deckung des Energiebedarfs Körnerfutter einzusetzen. Neben Getreidereinigungsmaterial, Druschabfällen, Kaff und Heuabrieb kommen Mais, Weizen, Gerste, Erbsen, Hirse, Buchweizen, Sonnenblumenkerne und Eicheln sowie getrocknete Ebereschen- oder Holunderbeeren in Frage. Roggen, Ackerbohnen und Süßlupinen sollen aufgrund ungünstiger Zusammensetzung nur in geringen Anteilen (etwa 10 % der Gesamtmenge) verfüttert werden. Ein Angebot an Naßfutter, z. B. Zuckerrüben, Futterrüben, Topinamburknollen, Markstammkohl o. a., ist notwendig. Die Rüben müssen zerkleinert, zumindest halbiert werden. Den Fasanen und Rebhühnern wird dadurch neben der zusätzlichen Energie auch Wasser geboten. Zur Körnerfütterung sollte in Revieren mit Lehmböden auch gleichzeitig Grit (Kieselsteinchen aus Sand, Granitabrieb u. a.) ausgestreut werden. Bei Haushühnern wurde nachgewiesen, daß durch Grit im Muskelmagen die Verdaulichkeit von Körnern um 10 % erhöht wird. Beim alleinigen Angebot der energiereichen Getreidekörner wird bei unbegrenzter Aufnahmemöglichkeit leicht der Energiebedarf überschritten. Die Getreidekörner sind demnach zu rationieren, d. h., in kleineren Mengen mit Spreu, Druschabfällen oder Getreidereinigungsmaterial

Abb. 30 Ödland, Weidenheger und Remisen sind geeignete Fütterungsplätze für Rebhühner (Foto: Silvestris)

vermischt anzubieten. Der Körnerbedarf je Rebhuhn und je Tag ist maximal 30 g, je Fasan etwa 50 g. Bei der Winterfütterung ist aber nur so viel auszustreuen, wie innerhalb einer Woche vom Wild aufgenommen wird.

Die Winterfütterung der Stockenten kann mit dem gleichen Material wie bei Fasan und Rebhuhn durchgeführt werden (JEROCH 1984). Besonders geeignet sind darüber hinaus gedämpfte Küchenabfälle, Kartoffeln oder Gemüsereste, die mit Getreideschrot, Getreidekleien oder ähnlichem Material verbessert werden können. Der Bedarf je Tier und Tag ist mit 70 bis 100 g Frischfutter zu planen.

Bei der **Haltung in Volieren** ist der volle Bedarf der Tiere zu decken. Mit etwa 50 g je Rebhuhn und etwa 75 g je Fasan und Tag ist zu rechnen. Vor und während der Legeperiode steigt der Energie-, Eiweiß-, Mineralstoff- und Vitaminbedarf bei den weiblichen Tieren. Der Einsatz der einfachen Körnerfuttermittel genügt dann nicht mehr zur Deckung des erhöhten Bedarfs der Zuchttiere. Die unterschiedlichen Bedarfswerte an Energie- und Nährstoffen sind nach den neuesten wissenschaftlichen Erkenntnissen bei der Produktion der Mischfuttermittel zur landwirtschaftlichen Tierhaltung berücksichtigt. Die Fütterung der Zucht- und Jungtiere in Volieren wird deshalb am zweckmäßigsten mit diesen Mischfuttermitteln durchgeführt. Zuchtfasanen und Rebhühner werden während der Legeperiode am besten mit Zuchtputenmischfutter als Alleinfutter versorgt. Im Durchschnitt des Jahres ist mit einer mittleren täglichen Futteraufnahme von 75 g je Fasan zu rechnen.

Für die Fasanen- und Rebhühneraufzucht eignet sich am besten Putenstarterfutter. Es enthält optimale Gehalte an Energie, verdaulichem Eiweiß, lebensnotwendigen Amino- und Fettsäuren, Vitaminen, Mineralstoffen und sonstigen Wirkstoffen. Die Tiere erhalten das Futter in steigenden Gaben bis zur 6. Lebenswoche (1. Woche 10 g, 2. Woche 14 g, 3. Woche 16 g, 4. Woche 20 g, 5. Woche 30 g und 6. Woche 60 g je Tag). Insgesamt ist mit etwa 1,1 kg je Tier für 6 Wochen zu rechnen. In der 7. Woche wird auf Putenmastfutter I übergegangen und dieses bis zur 11. Woche als Alleinfutter verwendet. Die Gaben werden von 80 g je Tier und Tag in der 7. und 8. Woche auf 100 g je Tier und Tag in der 11. Woche gesteigert. Mit etwa 3,3 kg ist für diese Periode zu rechnen. Ab der 12. Lebenswoche wird Putenmastfutter II gefüttert. 125 g je Tier und Tag in der 12. Woche werden über 130 g in der 13. Woche auf 150 g in der 14. und 15. Woche gesteigert. Für diese 4 Wochen ergeben sich insgesamt etwa 4 kg je Tier (JEROCH 1984).

Zur Fütterung der Enten in Volieren sind die Entenmischfutter zu verwenden. Zuchtentenfutter I und II, Entenstarterfutter sowie Entenmastfutter werden produziert. Sie sind den Fütterungsanweisungen entsprechend einzusetzen (RÖHNISCH, KNAPE, BECKER 1987).

Futterplanung und -bilanzierung

Hauptaufgabe der Futterplanung und -bilanzierung in der landwirtschaftlichen Tierhaltung ist es, über bestimmte Zeiträume den Futterbedarf für eine bestimmte Menge tierischer Erzeugnisse oder die mit einer gegebenen Futtermenge und -qualität mögliche tierische Produktion zu berechnen.

In der Jagdwirtschaft soll durch die Futterplanung in erster Linie ein Überblick über die notwendigen Futtermittel geschaffen werden, die für
- die Haltung von Wildtieren in Gattern,
- Ablenkfütterungen,
- die Winterfütterung zur Erhaltung der Wildbestände und zur Vermeidung von untragbaren Schäden an den Wirtschaftsbaumarten und landwirtschaftlichen Kulturen notwendig sind.

Erste Grundlage sind **Kenntnisse über die Anzahl der tatsächlich vorhandenen Stücke Wild und ihrer Körpermassen**. In kleineren Gattern sind deshalb neben der Anzahl auch die Körpermassen der Tiere einzuschätzen und die Durchschnittsmasse zu errechnen. Für die freie Wildbahn können die in Tabelle 3 für die Wildarten angegebenen Durchschnittsmassen und die darauf bezogenen Futterbedarfswerte angenommen werden. Eine größere Genauigkeit ist unnötig, da sich bei der Ermittlung der Anzahl der Tiere zwangsläufig Fehler ergeben, die Abweichungen von der Durchschnittsmasse unbedeutend werden lassen.

Zweite Grundlage ist die Zahl der **notwendigen Fütterungstage**, die im Durchschnitt jährlich zu erwarten sind. In freier Wildbahn wird die Fütterung des vollen Bedarfs an Tagen mit einer mehr als 15 bis 20 cm hohen Schneedecke oder einer verharschten Schneedecke notwendig. Die an solchen Tagen vom Wild noch aufnehmbare natürliche Äsung an

Baumzweigen oder -rinden kann vernachlässigt werden. Sie ist nach ihrem Energie- und Eiweißgehalt sowie deren Verdaulichkeit so minderwertig, daß damit lediglich die Füllung des Verdauungstraktes erreicht werden kann. Die durchschnittliche Anzahl der Tage mit Schnee schwankt je nach der Höhenlage. In den Hochgebirgen ergeben sich im langjährigen Durchschnitt mehr als 150 Tage, in den Mittelgebirgen 100 Tage und im Mittelgebirgsvorland 75. Die Anzahl der Fütterungstage kann für das jeweilige Gebiet auch nach den Aufzeichnungen meteorologischer Stationen oder Erfahrungswerten selbst festgelegt werden.

In Gehegen oder Gattern muß meist ganzjährig gefüttert bzw. zugefüttert werden. An den Schneetagen ist die Deckung des gesamten Bedarfs notwendig. Für die übrigen Tage muß der Anteil der natürlichen Äsung je nach den Gegebenheiten des Gatters und der Wilddichte eingeschätzt werden. Eine Möglichkeit zur Bestimmung derartiger Schätzwerte ist die Fütterung einer vollen Ration und das Zurückwiegen der nicht verbrauchten Mengen.

Für die Ablenkfütterung des Schwarzwildes im Sommer ergibt sich die Anzahl der Fütterungstage nach der Zeit des Bestehens stark gefährdeter Feldkulturen im jeweiligen Territorium. Beim Anbau von Mais und Kartoffeln kann das maximal das gesamte Sommerhalbjahr von April bis Oktober betreffen. Das sind etwa 200 Tage. Ist die Ablenkfütterung nur im Frühjahr beim Legen der Kartoffeln und Drillen des Maises notwendig, dann reduziert sich der Gefährdungszeitraum auf die Monate April bis Juni mit etwa 90 Tagen.

Dritte Grundlage der Planung ist die **Art und die durchschnittliche Qualität der vorhandenen Futtermittel.** Zur Fütterung der Wildwiederkäuer sollten in erster Linie die selbst produzierten oder von Landwirtschaftsbetrieben aufgekauften Grobfuttermittel vom Dauergrünland als Heu oder Silagen verwendet werden. Deren Qualität nach Trockensubstanzgehalt, Energiekonzentration, Rohfaser- und Proteingehalt bestimmt die für eine ausreichende Ration

Tabelle 20 Beispiel einer Futtermittelplanung

Wildart	Bestand	Schnee >20 cm	Rationszusammensetzung je Stück und Tag			Gesamtbedarf			Spalte $\frac{2 \times 3 \times 6}{1000}$		
			Tabelle Nr.	Futtermittel A5	Masse	Heu (gut)	Heu (mittel)	Zucker- rüben	Kastanien (frisch)	Eicheln (frisch)	
	Stück	Tage			kg	t	t	t	t	t	
Rotwild	60	50	19/3	Zuckerrüben	2,0	–	–	6,0	–	–	
				Heu (mittl. Qualität)	0,7	–	2,1	–	–	–	
				Kastanien (frisch)	1,5	–	–	–	4,5	–	
Muffel- wild	120	50	19/3	Zuckerrüben	0,6	–	–	3,6	–	–	
				Heu (mittl. Qualität)	0,2	–	1,2	–	–	–	
				Kastanien (frisch)	0,5	–	–	–	3,0	–	
Rehwild	300	50	17/4	Zuckerrüben	1,2	–	–	18,0	–	–	
				Heu (gute Qualität)	0,2	3,0	–	–	–	–	
Schwarz- wild	60	50	15/1 (50 %)	Futterrüben	3,0	–	–	9,0	–	–	
				Eicheln (frisch)	0,5	–	–	–	–	1,5	
						3,0	3,3	36,6	7,5	1,5	

notwendigen Konzentrate, die angekauft werden müssen.
Der zweckmäßigste Rechenweg zur Futtermittelplanung ist deshalb:

1. Festlegung und Berechnung der günstigsten und wirtschaftlichsten Rationszusammensetzung nach den gegebenen Möglichkeiten für je 1 Stück der zu fütternden Wildarten (s. Kap. „Einsatz der Futtermittel und Futterrationen", Tab. 15, 17 und 19).

2. Berechnung der notwendigen Futtermittelmengen für den Gesamtbestand einer Wildart nach der Formel

$$\frac{\text{Gesamtmenge}}{\text{Futtermittel (t)}} = \frac{\text{St. Wild} \cdot \text{Fütterungstage} \cdot \text{Tagesbedarf Futtermittel (kg)}}{1000}$$

3. Addition der Futtermittelmengen nach Grobfuttermitteln, Konzentraten, Mineralstoffmischungen u. a.
Ein Beispiel zeigt die Tabelle 20.

Fütterungstechnik und Fütterungsanlagen

Zum Ausbringen der Futtermittel für das Wild sind in der Praxis spezielle Anlagen und Methoden notwendig. Sie dienen dazu, möglichst vielen Tieren der gleichen Art die gemeinsame Futteraufnahme zu ermöglichen, den Aufwand beim Ausbringen der Futtermittel zu verringern, Futtermittelverluste zu vermeiden und Witterungseinflüsse auf das Futter abzuhalten. Bei ihrer Aufstellung ist nicht nur die möglichst günstig zu gestaltende technologische Seite der Fütterung zu beachten, sondern auch die sich aus dem artspezifischen Verhalten der Tiere ergebenden Erfordernisse. Bei der Winterfütterung des wiederkäuenden Schalenwildes sind z. B. einige wichtige Grundsätze zu beachten, die sich aus dem Verhalten des Wildes, der Qualität des Futters oder beiden Gesichtspunkten gemeinsam ergeben.
Alle wiederkäuenden Schalenwildarten, besonders aber das Rotwild, zeigen einen ausgeprägten Futterneid untereinander. Ranghöhere Tiere verdrängen im Rang niedere von der Äsung. Die abgeschlagenen, nicht zu den Fütterungseinrichtungen gelangenden Tiere suchen in der Umgebung nach Äsung und verursachen Schäden an den umstehenden Wirtschaftsbaumarten trotz mengenmäßig ausreichendem Futterangebot. Die schwächeren Tiere ziehen mit ihrem Rudel von der Fütterung weg, auch wenn sie noch nicht die Möglichkeit hatten, sich ausreichend zu sättigen. Das Futter muß deshalb so verteilt angeboten werden, daß alle Tiere gleichzeitig äsen können.
Die Tiere sortieren die Futtermittel nach Geschmack, Gehalt an leicht verdaulichen Stoffen und weiteren Qualitätseigenschaften aus. Konzentrate, frische Hackfrüchte und Grobfuttermittel mit geringem Rohfasergehalt werden bevorzugt und dadurch nicht rationsgerecht aufgenommen. Der zu hohen Aufnahme von Konzentraten auf der einen

Seite steht zu geringer Verbrauch an Futtertrockensubstanz durch den hohen Rohfasergehalt der Grobfutterstoffe auf der anderen Seite gegenüber. Von beiden Tiergruppen werden verstärkt Wildschäden verursacht. Die Rationen müssen also gut gemischt und bedarfsgerecht jedem Tier angeboten werden.

Trockengrünhäcksel, Trockengrünpellets oder pelletierte Fertigfuttermittel können aus Magazinen verfüttert werden, da hier eine Entmischung bzw. eine zu hohe oder zu niedrige Aufnahme nicht möglich ist. Wegen des Futterneides sind mehrere kleine Magazine einem größeren vorzuziehen.

Silagen können in größeren Anteilen auf Futtertischen angeboten werden. Sind gleichzeitig Silagen unterschiedlicher Qualität zu verfüttern, müssen sie möglichst gleichmäßig auf alle Tische verteilt werden.

Heu sollte nicht in einzelnen großen Raufen oder Schobern angeboten werden. Die bereits durch den hohen Rohfasergehalt und die langfasrige Struktur geringe Aufnahme sinkt dadurch weit unter die angegebenen Richtwerte und Rationsbestandteile. Nur durch die Verteilung des im Schober gelagerten Heues auf mehrere, offene Fütterungseinrichtungen kann die Aufnahme der vorgeschlagenen Menge gesichert werden.

Bei Futterrationen mit einem losen Kraftfutteranteil muß eine ausreichende Anzahl von Trögen vorhanden sein. Für Hirschrudel ist ein Trog je Tier vorzusehen. Kahlwildrudel kommen mit einem Trog für 2 Tiere aus, da die Alttiere ihr Kalb oder Schmaltier mit äsen lassen. Die Tröge müssen etwa 3 bis 5 m auseinander stehen.

Zerstoßene Hackfrüchte sind mit auf die Tröge zu verteilen. Werden sie ganz gefüttert, z. B. Rüben an Rotwild, dann sollten sie breitwürfig am Boden ausgebracht werden, damit alle Tiere des gesamten Rudels ihren Anteil aufnehmen können.

Da die wiederkäuenden Schalenwildarten einen ausgeprägten Tagesrhythmus der Nahrungsaufnahme mit Äsungsperioden im Abstand von nur wenigen Stunden haben, müssen die Fütterungseinrichtungen in den ruhigsten Einständen angelegt werden. Sie sind für Urlauber und andere Personen zu sperren. Andernfalls sind auch bei Beachtung aller anderen Grundsätze Wildschäden an den Bäumen der Einstände nicht zu vermeiden.

Die Fütterungen sind in der Nähe fließenden Wassers anzulegen, damit die Tiere nach der Aufnahme von Trockenfutter schöpfen können. Nasse Standorte sind aber möglichst zu meiden, um das Verschlammen der Umgebung der Tröge durch den Tritt der Tiere zu verhüten.

An allen Winterfutterplätzen ist frühzeitig anzufüttern, damit die Tiere beim Einsetzen der Notzeit die Anlage rasch finden.

Grünfuttermittel

Grünfuttermittel werden an Wild meist nur in Gehegen verfüttert. Sie sind in Raufen mit Lattenabständen von 20 bis 25 cm den Tieren vorzulegen. Es ist auch möglich, dazu Futtertische zu verwenden, wie sie für das Angebot von Silagen (Abb. 31) notwendig sind.

Gehäckseltes Grünfutter muß in Trögen angeboten werden. Es ist darauf zu achten, daß keine Futterteile auf den Boden fallen, da im Sommer und unter den Bedingungen der Gehege die Neuansteckung mit Krankheitserregern oder Para-

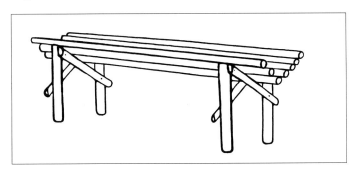

Abb. 31   Futtertisch für Silage oder Grünfutter

siten sowie die Verschmutzung groß sein können. Zum Verfüttern von Blättern, Nadeln, Knospen und Trieben der Baum- und Straucharten werden am besten ganze Äste oder kleinere Bäume gewonnen und in eigens dafür gebauten Gestellen senkrecht stehend angeboten. Im Wildgehege Moritzburg bei Dresden haben sich rahmenartige Gestelle mit den Abmessungen 40 cm × 200 cm × 150 cm Höhe zum Angebot von Ästen im Elchgehege bewährt. Höhe der Gestelle und Länge bzw. Höhe der Äste richten sich nach der Größe der zu fütternden Wildart.

Silagen

Silagen werden dem Wild in ähnlicher Weise angeboten wie Grünfutter. Die einfachsten und besten Fütterungsanlagen sind Silagetische, die aus Stangen oder Bohlen selbst hergestellt werden können (Abb.31). Die Tische sind je nach dem Ort der Silageproduktion um den Silo am Fütterungsplatz oder entlang von Wegen aufzustellen. Dadurch ist die Beschickung direkt aus dem Silo oder vom Transportfahrzeug aus leicht möglich. Die Tischhöhe von 40 bis 50 cm ist für alle Wildarten ausreichend. Die Breite kann etwa 100 cm betragen. Bei Silage aus gehäckseltem Material oder Apfeltrester müssen die Zwischenräume zwischen den Latten der Tische möglichst eng gehalten werden. Die Verwendung von Trögen aus Brettern ist in diesem Falle am zweckmäßigsten. Es sollte stets nur so viel Silage ausgeteilt werden, wie von den Tieren in 2 bis 3 Tagen aufgeäst wird. Falls bei Ankauf der Silage oder Herstellung in zentral gelegenen Silos der Transport aller 2 bis 3 Tage ins Revier nicht möglich ist, müssen am Fütterungsort Anlagen zur luftdichten Lagerung größerer Mengen Silage geschaffen werden. Bei frostfreiem Wetter verschimmelt sonst die abgelagerte und nicht aufgeäste Silage innerhalb von 2 bis 3 Tagen. Nach HARTFIEL (1976) kann die längere Lagerung mit selbständiger Entnahme durch das Wild am Fütterungsort in Selbstfütterungen erfolgen. Diese bestehen aus einem Balkenrahmen in den Abmessungen 80 cm × 140 cm × 200 cm Höhe sowie einem abnehmbaren Dach. An den Schmalseiten werden bis 100 cm Höhe Bretter fest angenagelt. An den Längsseiten sind diese in Nuten aus Leisten nur eingesteckt. Der Kasten steht auf 4, in die Erde eingeschlagenen Pfählen. Der so aufgebaute Brettkasten wird mit Folie ausgelegt und die Silage fest und luftfrei bis 1 m Höhe eingetreten. Das Fassungsvermögen beträgt etwa 1,1 m^3 Silage. Die Tiere äsen die Silage von oben her auf. Durch Herausnehmen der Bretter an den Längsseiten und Abschneiden der Folie wird allmählich der Futterstock dem Wild zur selbständigen Entnahme freigegeben.

Wurden Fässer zur Herstellung der Silage verwendet, so sind diese am Fütterungsort auf Holzunterlagen oder einen aus Stangen hergestellten Bock zu legen. Das Wild entnimmt nach dem Öffnen der Deckel selbst die Silage aus dem liegenden Faß. Die Silage aus Plastesäcken muß in Trögen angeboten werden.

Trockengrobfuttermittel

Die Trockengrobfuttermittel sind nach der Silage wichtige Futtermittel für Rot-, Dam- und Muffelwild. In der Jagdpraxis werden Heu und Laubheu am häufigsten als Winterfutter ausgebracht. Das Heu muß durch überdachte oder geschlossene Bauten vor Witterungseinflüssen geschützt werden. Diese sind aber nur bedingt zum Angebot des Futters geeignet. In der Praxis sind sie meist mit Raufen versehen oder direkt als solche gebaut (s. WAGENKNECHT 1989). Das Wild soll das Heu aus diesen Raufen selbständig entnehmen. Das ist nur in geringem Maße der Fall. Die Tiere suchen lediglich aus den äußeren Schichten das wertvollere Laubheu heraus. Grasheu und Grasstengel werden wegen ihrer starken Verholzung ungern genommen. Es bildet sich rasch eine Außenschicht aus geringwertigem Material. Heu sollte deshalb stets aus den Lagern herausgenommen und in kleineren Raufen, auf Tischen, auf trockenen Ästen an den

Stammfüßen, auf liegenden Baumwipfeln oder auch am Boden ausgelegt werden. Vorausgesetzt, daß es sich um gutes Material handelt, werden nur so die in den Rationen vorgesehenen Anteile aufgenommen (s. Tab. 16 bis 19).
Gehäckselte Trockengrünfutter und pelletierte Mischfutter werden am besten kurz vor Beginn der Fütterungsperiode in Futtermagazinen am Fütterungsort eingelagert und in den daran angebrachten Trögen angeboten. Es ist zu beachten, daß diese Futtermittel aus der Luft Feuchtigkeit aufnehmen und bei längerer Lagerzeit verschimmeln können. Die zu frühe Einlagerung in die Magazine im Wald ist deshalb möglichst zu vermeiden. Geringere Mengen dieser Futtermittel können auch in überdachten Trögen angeboten werden.

Konzentrate und Saftfuttermittel

Die für die Wildfütterung wichtigsten Konzentrate Eicheln und Kastanien sollen möglichst frisch verfüttert werden. Die Früchte sind am besten breitwürfig auf dem Erdboden auszubringen. Die richtige, kontinuierliche Rationierung ist dann nur durch tägliches Ausstreuen der festgelegten Menge möglich. In Magazinen kann von diesen frischen und nassen Früchten nur der Anteil für jeweils etwa 1 Woche eingelagert werden. Größere Mengen verschimmeln infolge der Feuchtigkeit.
Getreidekörner und Konzentratpellets können in geschlossenen Magazinen an der Fütterung gelagert und im Abstand von einem oder zwei Tagen rationiert in die Tröge gegeben werden.
Nur für Rehwild sind Magazine mit freier Entnahme beliebiger Mengen durch das Wild zu empfehlen. Frühzeitige und langsame Gewöhnung an das Konzentratfutter, vor allem Mais, ist auch bei dieser Wildart notwendig, um Erkrankungen und Fallwildverluste durch Pansenazidose zu vermeiden. Geschrotete Kraftfutter müssen täglich manuell in Tröge verteilt werden.
Die wichtigsten Abmessungen für Magazine oder Raufen

sind der Abbildung 14 zu entnehmen (s. auch UECKERMANN 1986 und WAGENKNECHT 1989). Geeignete Baumaterialien für die Fütterungsanlagen sind geschälte und getrennte Nadelholzstangen, Kanthölzer (8 cm × 10 cm), Dachlatten (5 cm × 8 cm) und Bretter verschiedener Dimensionen. Für das Dach sind 18 bis 20 mm starke Schalbretter geeignet. Darauf ist mit Dachpappe einzudecken. Die Tröge sind aus 20 mm starken, gehobelten Brettern anzufertigen. Falls Schwarzwild an die Fütterungen zieht, muß die Oberkante der Tröge mit Eisenbändern beschlagen werden. Alle Tröge müssen etwas schräg stehen und an der tiefsten Stelle des Bodenbrettes durchbohrt sein, damit Regenwasser ablaufen kann. Für die Futtermagazine

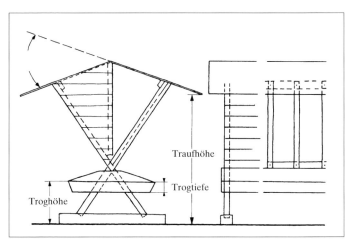

Abb. 32   Prinzipskizze für Trockenfuttermagazine bzw. Heuraufen
- *Traufhöhe bei Dam- und Rotwild 170 ... 190 cm,*
  bei Reh- und Muffelwild 110 ... 120 cm;
- *Troghöhe bei Dam- und Rotwild 50 ... 70 cm,*
  bei Reh-und Muffelwild 35 ... 40 cm;
- *Trogtiefe 10 ... 20 cm;*
- *lichter Lattenabstand der Raufen mindestens 20 cm,*
  der Schutzlatten an Rehwildfütterungen gegen Rotwild 14 cm

Abb. 33 Heuraufe und Magazine für Kraftfutter, Grüngut oder Pellets auf Schlittenkufen, nach SACKMANN *(Foto:* MIßBACH*)*

müssen die Bretter genutet und gespundet sein. Alle mit dem Erdboden in Berührung kommenden Teile sollten bis in etwa 40 cm Höhe mit einem Holzschutzmittel gegen Fäulnis geschützt werden. Die gesamte Fütterung wird am besten mit einer Holzschutzlasur oder, bei überdachten Teilen, mit wasserlöslichen Holzschutzmitteln behandelt. Mit diesen Mitteln können auch die unter einem Dach stehenden Tröge gestrichen werden.

*Abb. 34
Futtermagazin für
Rehwild mit Schutzlatten
gegen Rotwild
(Foto:* MIßBACH*)*

Futterrüben, Zuckerrüben, Topinamburknollen, Kartoffeln, Kohlrüben und Mohrrüben werden aus den Mieten durch Öffnen einer Stirnseite täglich entnommen. Sie können dem Rotwild als ganze Früchte vorgelegt werden. Auf trockenen Futterplätzen werden sie breitwürfig am Boden ausgebracht. Auf ständigen Futterplätzen, z. B. in Gattern, müssen sie in einer ausreichenden Anzahl von Trögen angeboten werden.
Für Reh-, Muffel- und Damwild sind sie zu zerstoßen und ebenfalls in mehreren, weiter auseinander stehenden Trögen auszubringen. Es muß erreicht werden, daß alle Stücke ihren Anteil erhalten. Die Hackfrüchte werden bevorzugt von allen Schalenwildarten aufgenommen und sind deshalb zu rationieren. Nach den Rationsanteilen in den Tabellen 17 und 19 sowie der Anzahl der Tiere kann die täglich vorzulegende Menge eingeschätzt werden. Bei alleinigem Angebot verbraucht ein Stück Rotwild (100 kg KM) 7 bis 8 kg je Tag. 2 bis 3 kg je Tier reichen aber zur Deckung des Wasserbedarfs aus. Es ist deshalb falsch, die Rübenmiete zu öffnen und dem Wild zu überlassen.

Abb. 35
Futtermagazin für Rehwild
mit vom Wild zu öffnender
und selbsttätig schließender
Futterklappe
(Foto: MIßBACH)

Fütterungsplätze und -anlagen für Schwarzwild können einfacher gestaltet werden als die für die wiederkäuenden Schalenwildarten. Bei kleineren Stückzahlen von Wild und als Ablenkfütterung oder kurzzeitige Winterfütterung ist die Ausbringung der Futtermittel auf dem Boden möglich. Die Tiere finden die ausgestreuten Eicheln, Kartoffeln oder Getreidekörner restlos. Bei längerer oder ständiger Fütterung werden die Plätze morastig, das Futter verschmutzt, und Teile davon werden in den Boden getreten.

Auf solchen Futterplätzen ist das Aufstellen von Trögen und der Bau von Einfriedungen für einen gesonderten Futterplatz der Frischlinge, sogenannte „Frischlingsrechen oder Frischlingsställe", notwendig.

Die Tröge für Schwarzwild müssen aus starken Nadelholzbrettern (24 mm) oder Eichenbrettern hergestellt werden. Die Kanten der Tröge aus den Nadelholzbrettern sind mit Eisenbändern zu beschlagen. Die Höhe der Trogseitenwand soll 10 cm betragen. Die Tröge sind auf 10 cm über dem Boden herausragende Eichenpfähle zu nageln.

UECKERMANN (1971) empfiehlt Tröge mit einer Bodenfläche von 80 cm × 50 cm, die durch ein senkrecht stehendes und 25 cm hohes Mittelbrett geteilt werden. Die Einfriedung des Futterplatzes für die Frischlinge muß 1 m hoch sein. An festen, eingerammten Pfählen kann der Zaun aus starkem Maschendraht oder Latten gebaut werden. Darin sind Öffnungen für die Frischlinge zu belassen, die maximal 30 cm breit und 40 cm hoch sein sollen. Am Boden müssen Derbstangen längs angenagelt werden. Auf dem Frischlingsfutterplatz sind ebenfalls Tröge aufzustellen.

Zur Einsparung von Kraftfutter und zur Verlängerung der Lockwirkung bei Ablenkfütterungen wurden auch für Schwarzwild eine ganze Reihe von selbständig wirkenden oder automatisch arbeitenden Futtereinrichtungen vorgeschlagen. Mit Bohrungen versehene und mit Mais gefüllte Holzfässer sowie mit Mais gefüllte offene Flaschen sollen das Schwarzwild beschäftigen, aber nur wenige Maiskörner freigeben. Ein am Boden und an den Seiten bis in 10 cm

Höhe mit 20 bis 30 Bohrungen (15 mm Durchmesser) versehener Plasteimer kann an Schwarzwildfutterplätzen ungebetene Gäste, z. B. Eichelhäher, abhalten. Er wird mit einer Mischung von Mais-, Gerste- und Weizenkörnern gefüllt, mit dem Deckel verschlossen und in 70 bis 80 cm Höhe freischwebend aufgehängt. Beim Anstoßen durch die Sauen rieselt eine geringe Menge des Körnerfutters auf den Erdboden und kann aufgenommen werden.
Automatische Fütterungsanlagen, durch die eine elektronisch gesteuerte Dosierung des Futters erfolgt, wurden ebenfalls entwickelt und erfolgreich erprobt. Mit ihnen kann dem Wild täglich eine bestimmte, einstellbare Futtermenge zu einer vorher festgelegten Zeit angeboten werden. Sie sind besonders für Gehege geeignet. Der Bau muß in speziellen Werkstätten erfolgen.

Salzlecken

Die Vorliebe des Schalenwildes für Salz ist seit Jahrhunderten bekannt. In der Vergangenheit wurde es meist in Form von **Lehmsulzen** dem Wild angeboten. Eisen- und steinfreier, geschlämmter Lehm wurde angefeuchtet und mit Salz gemischt. Auf 1 m^3 Lehm kamen 50 kg Salz. Mit dieser Lehm-Salz-Mischung wurden im Revier etwas erhöht angebrachte Kästen aus Hartholz- oder Kiefernbohlen gefüllt. In den ehemaligen fürstlichen Jagdrevieren des Landes Sachsen wurden sogar Mulden aus Stein hergestellt und für diesen Zweck verwendet. Die Lehmsulzen des Tharandter Waldes bestehen aus Sandsteinplatten von etwa 25 cm Stärke in den ungefähren Abmessungen 120 cm mal 100 cm. In diese Platten sind eine Vertiefung von etwa 10 cm und Abflußrinnen für das Regenwasser eingemeißelt. Die Mulden wurden in regelmäßigen Abständen mit der Lehm-Salz-Mischung bis über den Rand gefüllt.
Heute werden **Lecksteine** verwendet. Es sind natürliche Bruchsalzsteine oder künstlich hergestellte Preßsteine. Diese werden auf ältern, flach ausgehöhlten Stubben oder

in aufgenagelten Holzkästen ausgelegt. Das Salz wird meist rasch vom Wild gefunden und gut angenommen. Die Stocklecken haben den Nachteil, daß sich Fuchs und Marder gern darauf lösen und das Salz verunreinigen. Besser ist es, wenn die Kästen für die Salzlecksteine auf Pfählen oder höher abgesägten Baumstämmen angenagelt werden. Das vom Regenwasser gelöste Salz läuft am Stamm abwärts und kann durch Lecken vom Wild aufgenommen werden. In solchen Kästen läßt sich auch das für den menschlichen Genuß bestimmte feinkörnige Salz verwenden. Es wird empfohlen, die Salzkästen für Rot- und Damwild etwa 120 cm, für Muffel- und Rehwild etwa 90 cm hoch anzubringen, damit das Wild direkt Salz lecken kann. Flache Bruchsalzsteine können auch in aufgespaltene Stangen geklemmt werden. Salzverluste durch die Niederschläge sind zu vermeiden, wenn die Lecksteine in speziellen Kästen mit unter dem Dach der Fütterung aufgestellt werden. Auch ein seitlich an einem Pfahl oder Baum angebrachter Kasten mit Dach schützt den Leckstein vor zu rascher Auflösung.

In den vergangenen Jahren sind immer wieder Salzlecksteine mit Spurenelementen, z. B. mit Kupferverbindungen, oder mit Zusätzen von Medikamenten gegen Magen- und Darmwürmer empfohlen worden. Sie werden wesentlich schlechter vom Wild angenommen, und die aufgenommenen Spurenelement- oder Wirkstoffmengen sind gering. Sie haben sich nicht bewährt.

Salzlecken sind an Wildäckern, Fütterungen oder Wechseln aufzustellen. Eine Lecke auf 25 bis 30 ha Waldfläche ist ausreichend. Die Lecken sollten möglichst nicht auf Forstkulturflächen angelegt werden, da dort in der Umgebung starke Verbißschäden entstehen. Salzlecken dienen nicht nur dem Anlocken des Wildes, sondern sind wichtige Hegeeinrichtungen zur Versorgung des Schalenwildes mit dem lebensnotwendigen Mengenelement Natrium, an dem im Winter und Frühjahr in der natürlichen Äsung Mangel besteht. Neben den Wiederkäuern nehmen auch Schwarzwild und Hasen die Salzlecken an.

Fütterungen für Niederwild

Die Ausbringung der Futtermittel für **Hase** und **Kaninchen** wird in den meisten Fällen durch Ausstreuen der Rübenstücke, Äpfel usw. am Boden erfolgen. Bei starker Konkurrenz durch Rehwild hat sich in Niederwildgebieten die einfache Einzäunung des Futterplatzes durch eingeschlagene Holzpfähle, die mit Draht bespannt werden, bewährt.
Der Schutzzaun soll die Abmessungen 2 m × 1,20 m und 1,25 m Höhe haben. Der Draht darf unten erst in einer Höhe von 0,25 m über dem Boden beginnen, damit die Hasen ungehindert an das Futter heran können. Die Fütterungen sind bereits ab Mitte September, zunächst mit geringeren Mengen Lockfutter, zu beschicken. Das gleichzeitig angebotene Luzerne- oder Kleeheu muß zumindest an eingeschlagene Pfähle gebunden werden. Günstiger sind kleine Raufen, die unter einem flachen Dach das Futter aufnehmen. Das Dach kann, ähnlich wie bei der Fasanenfütterung, etwa 3 m lang, 2 m breit, vorn 1 bis 1,3 m und hinten 0,25 m hoch sein.
Zur Fütterung der **Fasanen** müssen Futterdächer, sogenannte Fasanen-Schütten, gebaut werden. Für den Standort sind Flächen auszuwählen, die den Fasanen Deckung bieten und gleichzeitig Sicht auf natürliche Feinde, z. B. Greifvögel, in der näheren Umgebung gewähren. Am besten geeignet dafür sind dichte Stangenhölzer am Rande von Feldern oder Schilfflächen. Fehlen natürliche Möglichkeiten, dann können speziell dafür angebaute Deckungsflächen mit Topinambur oder Mais helfen. In die Kulturen werden Schneisen gemäht und darauf die Schütten aufgebaut. Ein auch bei ungünstiger Witterung befahrbarer Weg muß vorhanden sein. Das Dach selbst kann aus Stangen und Dachpappe, Stroh, Rohr, Nadelholzreisig oder anderem Material gebaut werden. Wichtig ist, daß die Bodendecke aus Druschabfall, Heuabrieb, Getreidereinigungsmaterial oder gehäckseltem Stroh trocken bleibt. Die Schütten sind im Sommerhalbjahr zu bauen, damit das Füttern bereits im September beginnen kann (s. auch WAGENKNECHT 1989). Angefüttert wird unter

der Schütte, in unmittelbarer Umgebung und notfalls auf Futtersteigen mit Getreide, getrockneten Eberescheenbeeren oder anderem Lockfutter. Das Winterfutter wird in Mengen, die bis zur nächsten Fütterung verbraucht sind, unter der Schütte in das Streumaterial eingebracht. Das gilt auch für das Saftfutter, z. B. geteilte Futterrüben. Trockener Sand zum Hudern und zur Aufnahme von Magensteinen (Grit) darf unter der Schütte nicht fehlen.

Für die Fasanenfütterung werden eine ganze Reihe von Futtermagazinen oder Futterautomaten empfohlen. Es sind einfache, aus Brettern zusammengenagelte Kästen, die etwa 30 cm breit, 20 cm tief und 100 cm hoch sind. Das Dach ist abnehmbar. An der 30 cm breiten Vorderwand ist unten ein Schlitz offen gelassen, aus dem das Futtergetreide in einen vorgebauten Trog rutscht. Das abnehmbare Dach dient zum Einfüllen des Getreides. In gleicher Weise kann ein auf eine Zementplatte hochkant gestelltes Zementrohr als automatische Fütterung dienen. Es wird unten mit kleinen Löchern versehen, aus denen das Futtergetreide herausrieseln kann. Ein einfacher Holzdeckel verschließt den Behälter. Auch Rohre aus Plaste oder Metall mit eingebohrten Löchern, aus denen die Getreidekörner nachrutschen, werden als Futterautomaten eingesetzt.

Alle auf dem Boden stehenden Behälter vermindern den Aufwand der Futterausbringung, senken aber nicht die Verluste durch Mäuse und Kleinvögel. Das gelingt erst durch freies Aufhängen der Futterbehälter unter dem Fütterungsdach. Plasteimer mit 15 mm großen Löchern im Boden und bis in 10 cm Höhe an den Seiten haben sich bewährt.

Die Fütterung der **Rebhühner** muß etwas anders ausgeführt werden als die der Fasanen. Die Hühner gehen nicht gern in höhere Deckung, z. B. Stangenhölzer, und unter das große Dach der Fasanenschütte. Sie sind auch nicht so leicht an Fütterungen zu gewöhnen oder auf weitere Entfernungen anzulocken. Als Ort der Fütterung sind deshalb Ödlandflächen, Remisen oder Feldflächen zu wählen, auf denen sich die Hühner gern aufhalten oder die sich in ihrem Aktionsbereich befinden. Es ist eine möglichst hohe Zahl an Futterstellen notwendig. Der Futterplatz muß trocken sein. Hochspannungsmasten und Bäume, auf denen Greif- oder Krähenvögel leicht aufblocken können, sind zu meiden. Fehlt auf großen Feldflächen jede Deckung, dann kann diese durch Wälle aus Ästen, z. B. Obstbaumschnittholz, oder künstliche Futterzäune ersetzt werden. Auch aus Maisstengeln, langem Stroh oder Rohr zeltförmig aufgebaute Deckungen sind geeignet. Zweckmäßig ist der Bau von 2 Rahmen aus mit Draht bespannten Latten, die zu einem Giebeldach zusammengestellt und locker mit Nadelbaumreisig behangen werden. Am Boden sind allseitig etwa 15 cm hohe Einläufe für die Hühner offen zu lassen. In größeren Deckungen wie Weidenhegern, Windschutzstreifen oder Remisen können die beim Fasan beschriebenen einfachen Futtermagazine aus Brettern, Betonrohren oder anderem Material auch zur Fütterung des Rebhuhns gute Dienste leisten.

Grundlage der Hühnerfütterung war in der Vergangenheit das beim Getreidedrusch in den Scheunen anfallende Kaff. Es wurde in den geschilderten Deckungen in einer dicken Schicht ausgebreitet und erzeugte im nassen Zustand durch die Gärungswärme auch bei Schnee eine offene Stelle. Da hinein wurde regelmäßig das bessere Futter, Weizen, Gerste, Hirse oder anderes, gegeben. Kaff kann heute durch Getreidereinigungsabfälle, Heuabrieb oder gehäckseltes Stroh ersetzt werden. Die Getreidereinigungsabfälle sind dem Körnerfutter gleichwertig. Zum gehäckselten Stroh muß Futtergetreide gegeben werden.

Die Fütterung der **Stockenten** wird bei länger anhaltenden Frostperioden zu einer wichtigen Hegemaßnahme für diese Niederwildart. Die Enten sammeln sich in größerer Zahl an den offenen Gewässerstellen und leiden Not. Örtlich kann auch eine Ablenkfütterung zur Vermeidung von Schäden auf landwirtschaftlichen Nutzflächen zweckmäßig sein. Das Futter, Getreidekörner, Eicheln u. a., sollte stets auf dem Ufer angeboten werden. Nach dem Wasserhaushaltsgesetz

(WG) ist das Einbringen von Stoffen in oberirdische Gewässer erlaubnispflichtig, wenn dadurch eine Verunreinigung der Gewässer erfolgen kann. Muß im Wasser gefüttert werden, empfiehlt es sich, ein Futterfloß zu bauen. Auf 2 Rundhölzer von 2 m Länge wird in den ungefähren Abmessungen von 1,50 m × 1,50 m ein Boden aus Brettern genagelt. Er erhält noch einen Rand von 10 cm Höhe. Eine genagelte Stange dient zum Dirigieren und Verankern des Floßes vom Ufer aus. Um die Eutrophierung des Gewässers zu vermeiden, darf nur so viel Futter angeboten werden, wie die Tiere täglich aufnehmen. Nur durch verstärkte Hegemaßnahmen, zu denen die sachgemäße Fütterung in Notzeiten gehört, wird es in Zukunft möglich sein, auch in Revieren mit intensiver Landwirtschaft die Niederwildbestände zu erhalten oder wieder zu vermehren.

Futterplatzhygiene

Die Wildkonzentrationen um Futterplätze und Salzlecken führen zur Anhäufung von Losung in der näheren Umgebung. Da alle Wildtiere in unterschiedlichem Maße Parasiten tragen, die ihre Vermehrungsformen, Zysten, Eier, Larven, mit der Losung der Wirtstiere ausscheiden, kommt es auch zu einer Konzentration dieser Infektionsstadien an den gleichen Stellen. Mit der Fütterung ist demnach eine erhöhte Ansteckungsgefahr für das Wild gegeben, der durch spezielle Maßnahmen begegnet werden sollte.

Während der Winterfütterungsperiode scheiden die für das Wild wichtigen Magenfadenwürmer nur in geringem Maße Eier aus. Infolge der niedrigen Temperaturen ist in dieser Zeit auch deren Weiterentwicklung nicht möglich. Diese beginnt erst bei +5 °C und erreicht die besten Bedingungen bei +20 °C. Bei den Lungenwürmern, häufige Parasiten des Schalenwildes, werden Larven auch im Winter zahlreicher ausgeschieden. Aber nur die des Großen Lungenwurmes sind ansteckungsfähig. Bei den Kleinen Lungenwürmern fehlen in dieser Zeit die für die Weiterentwicklung notwendigen Schnecken als Zwischenwirte. Erst im Frühjahr steigt die Ausscheidung von Parasiteneiern an, die Zwischenwirte werden aktiv, und die infektionsfähigen Larven befinden sich im Wasser oder auf den Äsungspflanzen.

An den Winterfutterplätzen für Schalenwild ist demnach während der Wintermonate die direkte Infektionsgefahr gering. Das trifft besonders für Futterplätze in geschlossenen Waldbeständen zu, auf denen keine Bodenvegetation vorhanden und die Sonneneinstrahlung gering ist. Liegen Winterfutterplätze auf Dauergrünland, das im Frühjahr und Sommer als Äsungsfläche dient, dann ist die Infektionsgefahr allerdings hoch. Hier kommen überwinterte Vermehrungsformen zur Entwicklung und führen zur Neuinfektion. Derartige Futterstellen sollten unbedingt verlegt werden, weil die Reinigung der Umgebung von der Losung und das Bestreuen mit Kalk in der Praxis nur schwer durchzuführen sind und wenig Erfolg versprechen.

Futterplätze, die das ganze Jahr über genutzt werden, müssen auf festem, trockenem Boden ohne Bodenvegetation liegen. Das Futter ist hier grundsätzlich auf erhöht angebrachten Trögen, Raufen, Silagetischen usw. zu reichen. Läßt sich die Anlage der Futterplätze auf Grünflächen nicht vermeiden, dann ist die Vegetation regelmäßig zu mähen und das Grünmaterial zu vernichten. Es ist besser, wenn derartige Flächen als Wildäcker genutzt und mehrmals im Jahr umgebrochen sowie mit Zwischenfrüchten bebaut werden. Nasse Flächen sind unbedingt zu entwässern. Diese Vorbeugungsmaßnahmen sind besonders in stark besetzten Gattern notwendig. Sie gelten auch für Schwarzwildgehege, wo das Futter grundsätzlich aus Trögen und auf trockenen, befestigten Plätzen angeboten werden muß. In Gehegen sollten auch stets spezielle Trenneinrichtungen, wie Frischlingsrechen, Kälberzäune usw., gebaut werden, um Jungtiere oder die Individuen kleinerer Wildarten gesondert mit speziellen Futtermitteln versorgen zu können. Die Desinfektion größerer Futterplätze oder die direkte Bekämpfung der Parasitenbrut auf der Futterstelle sind kaum möglich und haben nur geringe Erfolgsaussichten. Die Beachtung der genannten Grundsätze der Anlage ist deshalb besonders wichtig. Eine regelmäßige Reinigung der Futtertröge von Futterresten und die Beseitigung der Losung aus dem direkten Bereich der Fütterungsanlagen sind selbstverständlich.

Winterfutterplätze eignen sich gut zum Sammeln von Losungsproben für Untersuchungen auf Parasitenbefall in den Fachinstituten für Veterinärmedizin. Da in dieser Zeit wenig Parasitenbrut ausgeschieden wird, deutet ein erhöhter Nachweis auf stärkeren Befall. Die dann notwendige Parasitenbekämpfung kann erfolgreich im Rahmen der Winterfütterung ausgeführt werden. Hier besteht die Gewähr, daß ein Großteil der Population für die zweimalige Kur erfaßt wird. Das erste Angebot von mit Medikamenten versetzten Futters wird zu Beginn der Fütterungsperiode durchgeführt, wenn schon alle Tiere die Fütterung annehmen, der zweite Durchgang am Ende, wenn noch alle Tiere zur Fütterung kommen. Das vom Tierarzt verschriebene Medikament wird mit dem am besten angenommenen Futtermittel oder Rationsbestandteil gemischt. Beim Schalenwild ist das das Kraftfutter. Die einzumischende Medikamentenmenge ist in Zusammenarbeit mit dem Tierarzt nach den Durchschnittsgewichten der Wildarten und dem täglichen Futterverbrauch (s. Kap. „Natürliche Nahrung und Nahrungsbedarf der Wildarten", Tab. 3) zu berechnen. Als Faustzahl kann gelten, daß bei Schalenwild die Medikamentenmenge auf 1 kg Kraftfutter gegeben wird, die für 80 kg Lebendmasse berechnet wurde.

Zur Futterplatzhygiene gehört auch, daß keinerlei verschimmeltes Futter angeboten wird und Futterreste nicht so lange liegen bleiben, bis sie von Pilzen befallen sind. Verdorbenes Futter wirkt durch die giftigen Stoffwechselendprodukte der Schimmelpilze stark gesundheitsschädlich für Wildtiere und Menschen. Verringerungen der Leistungsfähigkeit, Gewichtsverluste, Wachstums- und Fruchtbarkeitsstörungen treten auf. Todesfälle sind bekannt geworden. Die Gifte bleiben zum erheblichen Teil im Wildbret erhalten und können zu Schädigungen beim Menschen führen.

Getreideabfälle, Mischfuttermittel, Strohpellets, Ganzpflanzenpellets, aber auch Heu und Silagen verschimmeln unter dem Einfluß von Feuchtigkeit und höheren Temperaturen besonders leicht. Das ist bei ihrer Lagerung und dem Angebot auf dem Futterplatz zu bedenken. Die Institute für Veterinärmedizin führen Untersuchungen auf Schimmelpilzbefall des Futters aus. Im Lager verschimmelte oder für untauglich erklärte Futtermittel dürfen nicht ausgebracht werden, länger in den Fütterungen liegende Reste sind zu entfernen und zu vernichten. Es ist nur so viel Futter auszubringen, wie innerhalb von einigen Tagen bis längstens einer Woche aufgenommen wird. Am Ende der Winterfutterperiode sind die Futtertröge zu reinigen und die Reste zu beseitigen.

Nur unter Beachtung der hygienischen Anforderungen kann die Erhaltung der Kondition und Resistenz gegenüber Krankheitserregern bei den Wildtieren als eines der Ziele der Fütterung erreicht werden.

Anhang

Tabelle 21 Ausgewählte Futtermittel (Rind) für Rotwild, Damwild, Muffelwild, Rehwild
(nach BEYER und Koll., 1980, und Analysen)
(1 EFr = 2,5 kcal bzw. 10,47 kJ NEFr ≈ 1 StE)

Futtermittel		Trocken-substanz	In der Trocken-substanz (TS)			VE	PEQ	In der Original-substanz	
			EFr	vRP	RFa			EFr	vRP
		g/kg	je kg	g/kg	g/kg	%		je kg	g/kg
1. Grünfuttermittel									
Rotkleegras (1:1),	vor der Knospe	145	610	160	195	76	262	89	23
1. Schnitt	Knospe	160	586	120	240	72	205	94	19
	Beginn der Blüte	190	558	90	275	68	161	106	17
	Vollblüte	240	523	70	305	64	134	125	17
Wiesengras,	vor dem Ährenschieben	150	610	152	204	75	249	92	23
hochwertiger Bestand,	Beginn Ährenschieben	160	577	120	249	70	208	92	19
1. Schnitt,	Ende Ährenschieben	188	544	87	296	65	160	102	16
100 kg N/ha	Blüte	244	500	59	330	60	118	122	14

Wiesengras, minderwertiger Best., 1. Schnitt, 50 kg N/ha	vor dem Ährenschieben	150	568	97	235	70	171	85	15
	Beginn Ährenschieben	165	518	59	285	63	114	85	10
	Ende Ährenschieben	190	481	42	320	59	87	91	8
	Blüte	240	435	26	350	53	60	104	6
Blätter von Weide, Salweide, Aspe, Eberesche, Ahorn	Juni	320	460	110	150	55	240	147	35
	Juli	325	465	100	160	55	215	150	33
	Oktober	375	460	60	200	55	130	173	23
Blätter von Eichenarten, Weißbuche, Rotbuche	Juni	345	310	90	140	37	290	107	31
	Juli	390	310	80	160	37	260	121	31
	Oktober	410	295	65	180	37	220	121	27
Triebe von Weide, Salweide, Aspe, Eberesche, Ahorn	Winter	470	430	60	225	49	140	202	28
Triebe von Eichenarten, Weißbuche, Rotbuche	Winter	580	280	35	260	34	125	162	20
Triebe der Kiefer	Winter	440	430	45	290	50	105	190	20
Triebe der Fichte	Winter	455	430	45	255	50	105	195	20

Fortsetzung Tabelle 21

Futtermittel		Trockensubstanz	In der Trockensubstanz (TS)			VE	PEQ	In der Originalsubstanz	
			EFr	vRP	RFa			EFr	vRP
		g/kg	je kg	g/kg	g/kg	%		je kg	g/kg
2. Silagen									
Wiesengras, minderw. Bestand, 1. Schnitt, 50 kg N/ha									
Frischsilage, gut	Ährenschieben	200	451	47	305	57	104	90	9
Welksilage, gut	Ährenschieben	350	465	49	295	58	105	163	17
Mais, Frischsilage, gut	Milchwachsreife	220	562	41	240	68	73	124	9
Zuckerrübenblatt mit Köpfen, Frischsilage, gut		170	506	92	124	76	182	86	16
Apfeltrester, Frischsilage		225	450	30	240	48	65	100	7

3. Trockengrünfutter

Rotklee, 1. Schnitt, gut	Knospe	900	529	116	230	66	219	476	104
Wiesengras, minderw. Bestand, 1. Schnitt, 100 kg N/ha, gut	Ende Ährenschieben	900	463	53	320	56	114	417	48

4. Heu

Rotklee, 1. Schnitt, gut	Knospe	850	500	116	260	63	231	426	99
	Beginn Blüte	850	480	87	295	60	181	408	74
Wiesengras, hochwertig	Beginn Ährenschieben	850	517	93	280	63	180	439	79
Bestand, 1. Schnitt, 100 kg N/ha, gut	Ende Ährenschieben	850	477	64	325	59	134	405	54
	Blüte	850	443	38	360	53	86	377	32
Wiesengras, minderw.	Beginn Ährenschieben	850	457	51	310	57	112	388	43
Bestand, 1. Schnitt, 50 kg N/ha, gut	Ende Ährenschieben	850	428	34	345	53	79	364	29
	Blüte	850	390	22	380	48	56	332	19

5. Wurzeln, Knollen, Früchte

Zuckerrüben, roh		235	697	28	49	90	40	163	7
Massenrüben, roh		100	644	63	80	86	98	64	6

Fortsetzung Tabelle 21

Futtermittel	Trocken-substanz	In der Trocken-substanz (TS)			VE	PEQ	In der Originalsubstanz	
		EFr	vRP	RFa			EFr	vRP
	g/kg	je kg	g/kg	g/kg	%		je kg	g/kg
Topinambur, roh	216	648	75	43	82	116	140	16
Kartoffeln, stärkearm, roh	177	594	46	29	76	77	105	8
Falläpfel, roh	177	657	18	59	80	27	116	3
6. Körner, Samen								
Mais	880	788	78	27	86	99	693	69
Winterweizen	880	727	91	29	86	125	640	80
Wintergerste	880	688	84	45	80	122	605	74
Hafer	880	688	101	108	74	147	606	89
Eicheln, frisch	600	690	48	150	74	70	414	29

Kastanien, frisch	560	575	49	60	68	85	322	27
Getreidereinigung (Grassamen)	880	600	140	140	76	235	528	123
7. Produkte der Zuckerindustrie								
Diffusionsschnitzel, naß	150	595	60	200	74	101	89	9
Diffusionsschnitzel, trocken	900	595	60	200	74	101	535	54
8. Strohkonzentratmischungen								
Gersteganzpflanzen, pelletiert	900	510	40	270	58	78	459	36
Strohkonzentrat­mischung, pelletiert 80 % Stroh	890	438	56	358	54	128	390	50
40 % Stroh	930	543	79	204	67	146	505	73

Anhang

Tabelle 22 Ausgewählte Futtermittel (Schwein) für Schwarzwild (nach BEYER und Koll., 1980, und Analysen)
(1 EFs = 3,5 kcal bzw. 14,65 kJ NEFs ≈ 0,84 g-GN)

Futtermittel		Trocken-substanz	In der Trocken-substanz (TS)				PEQ	In der Original-substanz	
			EFs	vRP	Lysin	Met. + Zyst.		EFs	vRP
		g/kg	je kg	g/kg	g/kg	g/kg		je kg	g/kg
Rotklee,	vor der Knospe	130	493	153	11,1	5,8	310	64	20
1. Schnitt	Knospe	145	449	119	9,5	4,9	265	65	17
	Beginn der Blüte	187	418	89	8,1	4,2	213	78	17
Rotkleegras (1:1),	vor der Knospe	145	480	135	10,3	5,8	281	70	20
1. Schnitt	Knospe	160	449	92	8,3	4,6	205	72	15
	Beginn d. Blüte	190	403	61	6,8	3,8	151	77	12
Wiesengras,	vor d. Ährenschieben	150	474	127	11,3	6,6	268	71	19
hochwertiger Bestand,	Beginn Ährenschieben	160	435	92	9,4	5,4	211	70	15
1. Schnitt, 100 kg N/ha	Ende Ährenschieben	188	388	59	7,9	4,6	152	73	11

1. Grünfuttermittel

2. Silagen
Wiesengras, hochwertig,
1. Schnitt, 100 kg N/ha,

Welksilage, gut	vor d. Ährenschieben	350	400	96	11,1	6,2	240	140	34

3. Trockengrünfutter

Rotkleegras (1:1),	vor der Knospe	900	439	118	5,0	5,2	269	395	106
1. Schnitt	Knospe	900	401	77	4,0	4,2	192	361	69
	Beginn d. Blüte	900	363	46	3,3	3,4	127	327	41

4. Wurzeln, Knollen
Kartoffeln

roh, stärkearm	12 % Stärke	177	709	55	4,8	2,3	78	126	10
roh, stärkereich	20 % Stärke	257	721	37	3,6	1,7	51	185	10
Kartoffelschalen, frisch		235	593	19	4,3	2,2	32	139	4
Zuckerrüben, roh		234	686	24	2,5	1,2	35	161	6
Futterrüben, Gehaltsrüben, roh		140	633	46	3,1	1,7	73	89	6
Topinambur		216	682	52	–	–	76	147	11

Fortsetzung Tabelle 22

Futtermittel	Trocken-substanz	In der Trocken-substanz (TS)				PEQ	In der Original-substanz	
		EFs	vRP	Lysin	Met. + Zyst.		EFs	vRP
	g/kg	je kg	g/kg	g/kg	g/kg		je kg	g/kg
5. Körner, Samen								
Wintergerste	880	701	102	4,5	5,1	146	618	90
Mais	880	788	85	3,1	5,1	108	693	74
Winterweizen	880	772	98	3,8	5,5	127	679	86
Eicheln, frisch	600	650	30	–	–	46	390	18

Literaturverzeichnis

ANKE, M., GRÜN, M., BRIEDERMANN, L., MIßBACH, K., HENNIG, A. u. KRONEMANN, H.: Die Mengen- und Spurenelementversorgung der Wiederkäuer. 1. Mitt. Arch. Tierernährung 29 (1979), S. 829–844
–., GROPPEL, B., KRONEMANN, H.: Die standortspezifische Mengen- und Spurenelementversorgung des Rehes in der DDR. Kolloquium Wildbiologie und Wildbewirtschaftung. Leipzig 1984, S. 504–514
BÄHR, H., ANKE, M., BRIEDERMANN, L., DITTRICH, G. u. MIßBACH, K.: Wege zur Intensivierung der Äsungsverbesserung und Fütterung von Schalenwild. Beitr. z. Jagd- u. Wildforsch. Berlin 14 (1986), S. 32–41
BERG, F. C. v.: Zum Raum-Zeit-System des Rehes. Zeitschrift: Allgemeine Forstzeitschrift, München 3 (1978), S. 48–50
BEYER, M., u. a.: Anwendung des DDR-Futterbewertungssystems in der Pflanzenproduktion. VEB Deutscher Landwirtschaftsverlag, Berlin 1978
–., u. a.: Das DDR-Futterbewertungssystem. 2. Aufl., VEB Deutscher Landwirtschaftsverlag, Berlin 1972
–., u. a.: Berechnung von Futterrationen. 4. Aufl., VEB Deutscher Landwirtschaftsverlag, Berlin 1980
BOCK, H.-D., u. a.: Tierernährung und allgemeine Fütterungslehre. VEB Deutscher Landwirtschaftsverlag, Berlin 1968
BRIEDERMANN, L.: Schwarzwild. VEB Deutscher Landwirtschaftsverlag, Berlin 1986
BRÜGGEMANN, J., DRESCHER-KADEN, U.: Welche Vitamine braucht unser Wild? Zeitschrift: Die Pirsch, München 23 (1971), 4, S. 126–130
BUBENIK, A.: Grundlagen der Wildernährung. Deutscher Bauernverlag, Berlin 1959

Deutsche Landwirtschafts-Gesellschaft: DLG-Futterwerttabellen für Wiederkäuer. 5. Aufl., DLG-Verlag, Frankfurt/M. 1982

DRESCHER-KADEN, U.: Mineralstoffe für unser Wild. Zeitschrift: Die Pirsch, München 23 (1971), S. 1205 – 1207 und 1262 – 1266

ESSER, W.: Beitrag zur Untersuchung der Äsung des Rehwildes. Zeitschrift für Jagdwissenschaft, 4 (1958), 1, S. 1–40

GRÄFNER, G.: Wildkrankheiten. Gustav Fischer Verlag, Jena 1986

HARTFIEL, W.: Rotwild und Rehwild „wiederkäuergerecht" füttern. Zeitschrift: Die Pirsch, München 28 (1976), 20, S. 1167 – 1171 und 21, S. 1239 – 1241

HOFFMANN, M., u. a.: Tierproduktion – Tierfütterung. VEB Deutscher Landwirtschaftsverlag, Berlin 1983

HOFMANN, R. R.: Die Stellung der europäischen Wildwiederkäuer im System der Äsungstypen. In: Wildbiologische Informationen für den Jäger, 2. Aufl., Band 1, Ferdinand Enke Verlag, Stuttgart 1982

HÜNSCHE, H. D.: Die natürliche Äsung und der Futterverbrauch des Damwildes in einem Intensivgatter. Sektion Forstwirtschaft Tharandt der Technischen Universität Dresden, Diplomarbeit 1987

JEROCH, H.: Hinweise zur Fütterung von Zuchtfasanen. Kolloquium Wildbiologie und Wildbewirtschaftung, Leipzig 1984, S. 169 – 74

MIßBACH, K.: Beziehungen zwischen Winterfütterung und Schälschäden des Rotwildes (Cervus elaphus L.). Beitr. z. Jagd- u. Wildforsch. 9 (1975), S. 26 – 48

–.: Die Annahme von Grünfutter durch Rotwild (Cervus elaphus L.). Beitr. z. Jagd- u. Wildforsch. 10 (1977), S. 53 – 60

–.: Die Annahme von Mineralstoffmischungen durch Rotwild (Cervus elaphus L.) und deren Einfluß auf Sommerschälschäden. Beitr. z. Jagd- u. Wildforsch. 10 (1977), S. 61 – 67

–.: Die Ermittlung des Winternahrungsbedarfs der Hirscharten (Cervidae) Rotwild, Damwild und Rehwild. Beitr. z. Jagd- u. Wildforsch. 11 (1980), S. 31 – 38

–.: Beiträge zur Ermittlung des Energiebedarfs des Rehwildes. In: Wildbiologie und Wildbewirtschaftung: I. Wiss. Koll. d. Karl-Marx-Univ. Leipzig, Sekt. Tierprod., u. d. Techn. Univ. Dresden, Sekt. Forstwirtsch. Tharandt, Leipzig 1980, S. 110 – 122

–.: Wildschäden, Nahrungsbedarf und Fütterung des Damwildes. Unsere Jagd, Berlin 31 (1981), 10, S. 298 – 299

–.: Die Bedeutung von Kenntnissen zur Ernährung der Wildwiederkäuer für die Wildschadenverhütung in der Forstwirtschaft. In: Wildbiologie und Wildbewirtschaftung: II. Wiss. Koll. d. Techn. Univ. Dresden, Sekt. Forstwirtsch. Tharandt, u. d. Karl-Marx-Univ. Leipzig, Sekt. Tierprod. u. Veterinärmed., Leipzig 1982, S. 49 – 61

–.: Die Eignung von Strohpellets zur Winterfütterung des Rot- und Rehwildes. Beitr. Jagd- u. Wildforsch., Berlin 1984, H. 13, S. 328 – 331

–., u. SACKMANN, H.-J.: Die Annahme von Winteräsungspflanzen durch Rot-, Dam- und Muffelwild. Beitr. Jagd- u. Wildforsch., Berlin 1984, H. 13, S. 168 – 173

–., u. –.: Pelletiertes Rauhfutter als Fertigfuttermittel für Rot-, Dam- und Muffelwild. Beitr. Jagd- u. Wildforsch., Berlin 1984, H. 13, S. 332 – 336

–.: Die Eignung der Laubbaumarten der Forstwirtschaft als Verbißgehölze für Rehwild. In: Wildbiologie und Wildbewirtschaftung. III. Wiss. Koll. d. Karl-Marx-Univ. Leipzig, Sekt. Tierprod. u. Veterinärmed., u. d. Techn. Univ. Dresden, Sekt. Forstwirtsch. Tharandt, Leipzig 1984, S. 495 – 503

–.: Die Winterfütterung des Rehwildes. In: Wildbiologie und Wildbewirtschaftung: III. Wiss. Koll. d. Karl-Marx-Univ. Leipzig, Sekt. Tierprod. u. Veterinärmed., u. d. Techn. Univ. Dresden, Sekt. Forstwirtsch. Tharandt, Leipzig 1984, S. 515 – 525

–.: Die Eignung von Baumarten des Waldes als Äsungspflanzen für Wildwiederkäuer. Beitr. z. Jagd- u. Wildforsch., Berlin 14 (1986), 173 – 175

–.: Ernährungsansprüche, Nahrungswahl und Wildschäden des wiederkäuenden Schalenwildes. In: Wildbiologie und Wildbewirtschaftung. IV. Wiss. Koll. d. Techn. Univ. Dresden, Sekt. Forstwirtsch. Tharandt, u. d. Karl-Marx-Univ. Leipzig, Sekt. Tierprod. u. Veterinärmed., Dresden 1986, S. 64 – 76

–.: Die sachgemäße Winterfütterung als Beitrag zur Wildschadenverhütung unter Berücksichtigung einiger Reservefutterstoffe. In: Wildbiologie und Wildbewirtschaftung. IV. Wiss. Koll. d. Techn. Univ. Dresden, Sekt. Forstwirtsch. Tharandt, u. d. Karl-Marx-Univ. Leipzig, Sekt. Tierprod. u. Veterinärmed., Dresden 1986, S. 277 – 287

–.: Die Belastung von Umwandlungsbaumarten für Immissionsgebiete der Mittelgebirge durch Wildverbiß. Beitr. z. Jagd- u. Wildforsch., Berlin 17 (1990), S. 235 – 239

PÜSCHNER, A. U. SIMON, O.: Grundlagen der Tierernährung. 2. Aufl., Gustav Fischer Verlag, Jena 1977

RÖHNISCH, H. G., KNAPE, G. U. BECKER, J.: Qualitätsanforderungen für Mischfuttermittel, Wirk- und Mineralstoffmischungen und wissenschaftliche Empfehlungen für den Einsatz in der Tierproduktion. agra Markkleeberg, 1987

SCHIEMANN, R., u. a.: Energetische Futterbewertung und Energienormen. Deutscher Landwirtschaftsverlag, Berlin 1971

SCHMIDT, W. U. WETTERAU, H.: Silageherstellung. VEB Deutscher Landwirtschaftsverlag, Berlin 1972

SIEFKE, A. U. MEHLITZ, S.: Untersuchungen zur Ernährung des Damwildes. Beiträge zur Jagd- und Wildforschung 9 (1975), S. 133 – 54

STUBBE, M.: Raubwild, Raubzeug, Krähenvögel. VEB Deutscher Landwirtschaftsverlag, Berlin 1982

STUBBE, C. U. PASSARGE, H.: Rehwild. VEB Deutscher Landwirtschaftsverlag, Berlin 1979

THIELE, E.: Untersuchungen zur Ernährung des Muffelwildes im Ostharz unter besonderer Berücksichtigung von Verbißschäden. Sektion Forstwirtschaft Tharandt der Technischen Universität Dresden, Diplomarbeit 1985

UECKERMANN, E.: Die Fütterung des Schalenwildes. 3. Aufl. Verlag Paul Parey, Hamburg 1986

VOGT, F.: Neue Wege der Hege. Verlag Neumann, Neudamm 1936

WAGENKNECHT, E.: Rotwild. VEB Deutscher Landwirtschaftsverlag, Berlin 1981

–.: Jagdliche Einrichtungen. VEB Deutscher Landwirtschaftsverlag, Berlin 1989

WANDEL, G.: Reviereinrichtungen selbst gebaut. 3. Aufl., BLV Verlagsgesellschaft, München 1984

ZÖRNER, H.: Der Feldhase. Die Neue Brehm-Bücherei 169. A. Ziemsen Verlag, Wittenberg Lutherstadt 1981

Aus unserer Reihe

🕮 Jagdpraxis

sind außerdem lieferbar

Dr. Karl Lemke **Das Jägerjahr**
1992 • 152 Seiten • 90 Abb. • DM 29,80
ISBN 3-331-00312-3

Dr. Klaus Richter **Schweißarbeit**
1992 • 260 Seiten • 88 Abb. • DM 19,80
ISBN 3-331-00631-9

Hans-Georg Schumann, Manfred Fischer
Fährten, Spuren, Geläufe
1993 • 96 Seiten • 74 Abb. • DM 22,80
ISBN 3-331-00661-0

Zu beziehen über Ihren Buchhandel
oder direkt beim

🕮 Deutscher Landwirtschaftsverlag
Berlin GmbH
Grabbeallee 41, D – 13156 Berlin